Ultimate Acoustic.

Published by
Wise Publications,
8/9 Frith Street, London W1D 3JB, England.

Exclusive Distributors:
Music Sales Limited,
Distribution Centre, Newmarket Road,
Bury St Edmunds, Suffolk, IP33 3YB, England.
Music Sales Pty Limited,
120 Rothschild Avenue, Rosebery, NSW 2018, Australia.

Order No. AM91545
ISBN 0-7119-3772-9
This book © Copyright 2004
by Wise Publications.

WISE PUBLICATIONS
part of The Music Sales Group
London/New York/Paris/Sydney/Copenhagen/Berlin/Madrid/Tokyo

Relative Tuning

The guitar can be tuned with the aid of pitch pipes or dedicated electronic guitar tuners which are available through your local music dealer. If you do not have a tuning device, you can use relative tuning. Estimate the pitch of the 6th string as near as possible to E or at least a comfortable pitch (not too high, as you might break other strings in tuning up). Then, while checking the various positions on the diagram, place a finger from your left hand on the:

5th fret of the E or 6th string and **tune the open A** (or 5th string) to the note Ⓐ

5th fret of the A or 5th string and **tune the open D** (or 4th string) to the note Ⓓ

5th fret of the D or 4th string and **tune the open G** (or 3rd string) to the note Ⓖ

4th fret of the G or 3rd string and **tune the open B** (or 2nd string) to the note Ⓑ

5th fret of the B or 2nd string and **tune the open E** (or 1st string) to the note Ⓔ

Reading Chord Boxes

Chord boxes are diagrams of the guitar neck viewed head upwards, face on as illustrated. The top horizontal line is the nut, unless a higher fret number is indicated, the others are the frets.

The vertical lines are the strings, starting from E (or 6th) on the left to E (or 1st) on the right.

The black dots indicate where to place your fingers.

Strings marked with an O are played open, not fretted. Strings marked with an X should not be played.

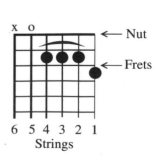

The curved bracket indicates a 'barre' - hold down the strings under the bracket with your first finger, using your other fingers to fret the remaining notes.

Sunrise

Words & Music by
Norah Jones & Lee Alexander

Bm⁷ **A** **D** **G** **F♯m** **Em** **E/G♯**

Capo first fret

Intro | Bm⁷ A | D | Bm⁷ A | D | Bm⁷ A | D G | G | |

Verse 1

     A   **Bm⁷**
Sun - rise, sun - rise

       A   **D**
Looks like morning in your eyes

   Bm⁷   **D**   **G**   **D**
But the clocks held nine fif - teen for hours.

    F♯m   **Bm⁷**
Sun - rise, sun - rise

      A   **D**
Couldn't tempt us if it tried,

   Bm⁷ **D**   **G**   **D**
'Cause the after - noon's al - ready come and gone.

And I said

Chorus 1

Bm⁷   **A** | D G | G
Oooo,

Bm⁷   **A** | D G | G
Oooo,

Bm⁷   **A** | D G | G
Oooo

    Em
To you.

Verse 2

            A   **Bm7**
Sur - prise, sur - prise

           A   **D**
Couldn't find it in your eyes

   Bm7   **D**   **G**   **D**
But I'm sure it's written all over my face.

    F♯m   **Bm7**
Sur - prise, sur - prise

      A   **D**
Never something I could hide,

   Bm7   **D**   **G**   **D**
When I see we've made it through another day.

Then I say

Chorus 2   As Chorus 1

Instrumental _Play verse chords_

Middle

E   **G**
  Now the night,

               E/G♯
Will throw its cover down

     G
Ooh on me again.

E/G♯   **G**
  Ooh and if I'm right,

    E/G♯   **G**
It's the only way to bring me back.

Chorus 3   As Chorus 1

Chorus 4   As Chorus 1

| **D** |

The Closest Thing To Crazy

Words & Music by
Mike Batt

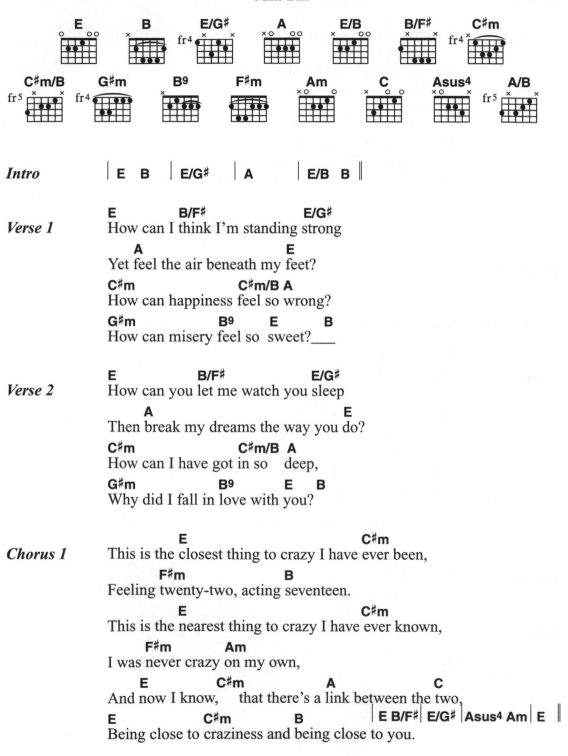

Intro | E B | E/G♯ | A | E/B B ‖

Verse 1
E   B/F♯   E/G♯
How can I think I'm standing strong
        A   E
Yet feel the air beneath my feet?
C♯m   C♯m/B A
How can happiness feel so wrong?
G♯m   B9   E   B
How can misery feel so sweet?___

Verse 2
E   B/F♯   E/G♯
How can you let me watch you sleep
        A   E
Then break my dreams the way you do?
C♯m   C♯m/B A
How can I have got in so   deep,
G♯m   B9   E   B
Why did I fall in love with you?

Chorus 1
                    E   C♯m
This is the closest thing to crazy I have ever been,
        F♯m   B
Feeling twenty-two, acting seventeen.
                    E   C♯m
This is the nearest thing to crazy I have ever known,
        F♯m   Am
I was never crazy on my own,
            E   C♯m   A   C
And now I know,   that there's a link between the two,
E   C♯m   B | E B/F♯| E/G♯ |Asus4 Am| E   ‖
Being close to craziness and being close to you.

Verse 3

```
   E              B/F♯            E/G♯
How can you make me fall a - part
         A                    E
Then break my fall with loving lies?
   C♯m          C♯m/B  A
It's so easy to break a heart,
   G♯m          B9        E   B
It's so easy to close your eyes.
```

Verse 4

```
   E              B/F♯            E/G♯
How can you treat me like a child?
      A                      E
Yet like a child I yearn for you.
   C♯m              C♯m/B  A
How can anyone feel so wild'?
   G♯m                B9    E   B
How can anyone feel so blue?
```

Chorus 2

```
                    E                      C♯m
This is the closest thing to crazy I have ever been,
        F♯m             B
Feeling twenty-two, acting seventeen.
                    E                    C♯m
This is the nearest thing to crazy I have ever known,
        F♯m       Am
I was never crazy on my own,
        E      C♯m          A            C
And now I know,     that there's a link between the two,
   E            C♯m          B        | E  C♯m |
Being close to craziness and being close to you,
```

Outro

```
   A      B            E   C♯m
   And being close to you,
   A     A/B          E
   And being close to you.
```

9

Mad World

Words & Music by
Roland Orzabal

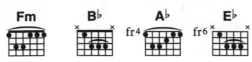

Intro | Fm | B♭ | Fm | B♭   ‖

Verse 1

Fm   A♭
  All around me are fa - miliar faces,
E♭   B♭
Worn out places, worn out faces.
Fm   A♭
  Bright and early for their daily races
E♭   B♭
Going nowhere, going nowhere.

Verse 2

Fm   A♭
  The tears are filling up their glasses,
E♭   B♭
No expression, no expression.
Fm   A♭
  Hide my head I wanna drown my sorrow,
E♭   B♭
No tomorrow, no tomorrow.

Chorus 1

Fm   B♭
  And I find it kind of funny,
        Fm
I find it kind of sad,
               B♭   Fm
The dreams in which I'm dying are the best I've ever had.
        B♭
I find it hard to tell you,
        Fm
I find it hard to take,
        B♭
When people run in circles it's a very, very,
Fm   B♭ Fm   B♭
  Mad world,   mad world.

Verse 3

Fm   A♭
    Children waiting for the day they feel good,
E♭   B♭   Fm
Happy birthday, happy birth - day,
                     A♭
And I feel the way that every child should,
E♭   B♭   Fm
Sit and listen, sit and list - en.

Verse 4

                     A♭
Went to school and I was very nervous
E♭   B♭
No one knew me, no one knew me.
Fm   A♭
    Hello teacher tell me what's my lesson,
E♭   B♭
Look right through me, look right through me.

Chorus 2   As Chorus 1

Outro

Fm   B♭
    Enlargen your world
Fm   B♭
   Mad   world.

The Man With The Child In His Eyes

Words & Music by
Kate Bush

Em   Em7/D   C   G/B   Am7   Bm7   A   B♭

F/A   G   G*   Gmaj7♭5   F/G   C/G   E♭

Verse 1

Em Em7/D   C   G/B
I hear him before I go to sleep,

            Am7
And focus on the day that's been.

Em   Em/D
I rea - lise he's there,

        C   G/B   Am7
When I turn the light off and turn over.

Bm7   A
Nobody knows about my man,

B♭   F/A   G
They think he's lost on some horizon.

Pre-chorus 1

       G   Gmaj7♭5
And suddenly I find myself,

F/G   C/G   E♭
Listening to a man I've never known before,

G*   Gmaj7♭5
Telling me a - bout the sea,

F/G   C/G   E♭
All his love 'til e - ternity.

Chorus 1

C   B♭
Ooh, he's here again,

         F/A   C
The man with the child in his eyes.

C   B♭
Ooh, he's here again,

         F/A   C | C
The man with the child in his eyes.

Verse 2

Em   Em7/D
  He's very understanding,

        C   G/B   Am7
And he's so aware   of all my situ - ations,

Em   Em7/D   C   G/B
  When I stay up late, he's always waiting,

        Am7
But I feel him hesitate.

Bm7   A
  Oh, I'm so worried about my love,

B♭   F/A   G
  They say, "No, no, it won't last forever."

Pre-chorus 2

       G*   Gmaj7♭5
And here I am a - gain my girl,

F/G   C/G   E♭
  Wondering what I'm doing here.

G   Gmaj7♭5   F/G
Maybe,   he doesn't love me,

       C/G   E♭
I just took a trip on my love for him.

Chorus 2

      C   B♭
Ooh, he's here again,

            F/A   C
The man with the child in his eyes.

      C   B♭
Ooh, he's here again,

            F/A   C | C | C | C
The man with the child in his eyes.

Jesus To A Child

Words & Music by
George Michael

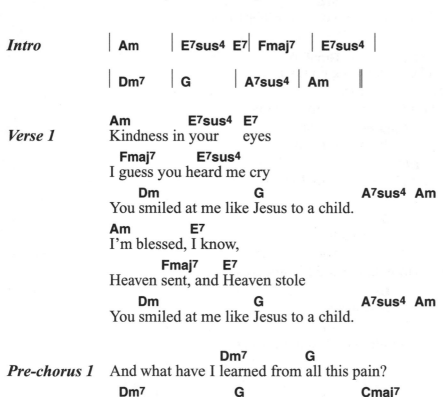

Capo fourth fret

Intro
| Am | E7sus4 E7| Fmaj7 | E7sus4 |

| Dm7 | G | A7sus4 | Am ‖

Verse 1

Am   E7sus4   E7
Kindness in your   eyes

Fmaj7   E7sus4
I guess you heard me cry

Dm   G   A7sus4   Am
You smiled at me like Jesus to a child.

Am   E7
I'm blessed, I know,

Fmaj7   E7
Heaven sent, and Heaven stole

Dm   G   A7sus4   Am
You smiled at me like Jesus to a child.

Pre-chorus 1

               Dm7   G
And what have I learned from all this pain?

Dm7   G   Cmaj7
I thought I'd never feel the same about anyone,

E7sus4   E7
Or anything again,   but now I know

Chorus 1

      Am
When you find a love,

      G   **Fmaj7**
When you know that it ex - ists,

      Em7   **Dm**
Then the lover that you miss

     E7   **A7sus4**   **Am7**
Will come to you on those cold, cold nights.

          Am
When you've been loved,

      G   **Fmaj7**
When you know it holds such bliss

      Em7   **Dm**
Then the lover that you kissed

     E7   **Am7**
Will comfort you when there's no hope in sight.

Verse 2

     Am   **E7sus4**
Sadness, in my eyes

      Fmaj7   **E7**
No one guessed, well no one tried,

      Dm   **G**   **A7sus4 Am**
You smiled at me like Jesus to a child.

   Am   **E7**
Loveless, and cold,

     Fmaj7   **E7**
With your last breath, you saved my soul

   Dm   **G**   **A7sus4 Am**
You smiled at me like Jesus to a child.

Pre-chorus 2

                Dm7   **G**
And what have I learned from all these tears?

     Dm7   **G**
I've waited for you all those years,

     Cmaj7
And just when it began,

E7sus4   **E7**
  You took your love a - way, but I still say

Chorus 2   As Chorus 1

Middle

F#m7♭5   Fmaj7   Em7
  So the words you could not say,

          A
I'll sing them for you,

F#m7♭5   Fmaj7   Em7
  And the love we would have made,

           A
I'll make it for two,

Dm   E
  For every single memory

Am   F#m7♭5   Fmaj7 | E | Ddim |
  Has be - come a part of me.

Am |Am | G |
  You will always be

Fmaj7 | E7sus4 | Dm | E7 | Am | Am |
  My love.

Chorus 3

          Am
Well I've been loved

      G   Fmaj7
So I know just what love is,

       Em7   Dm
And the lover that I kissed

  E7   Am | Am |
Is always by my side.

| Am | G |
Fmaj7   Em   Dm
  Oh the lover I still miss

    E7   Am
Was Jesus to a child.

Fields Of Gold

Words & Music by
Sting

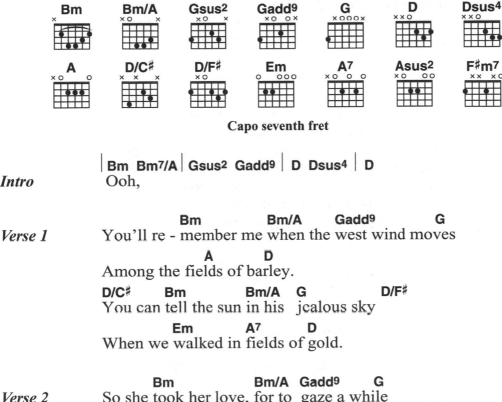

Capo seventh fret

|Bm Bm⁷/A|Gsus² Gadd⁹|D Dsus⁴|D

Intro   Ooh,

Verse 1

       Bm   Bm/A   Gadd⁹   G
You'll re - member me when the west wind moves
         A   D
Among the fields of barley.
D/C♯   Bm   Bm/A G   D/F♯
You can tell the sun in his   jealous sky
      Em   A⁷   D
When we walked in fields of gold.

Verse 2

     Bm   Bm/A Gadd⁹   G
So she took her love, for to gaze a while
        A   D
Among the fields of barley.
  D/C♯ Bm   Bm/A   G   D/F♯
In his   arms she fell as her hair came down
Em   A⁷   D
Among the fields of gold.

Verse 3

           Bm   **Bm/A**   **Gadd9**   **G**
Will you stay with me?   Will you be my love

          A   **D**
Among the fields of barley?

      D/C#   **Bm**   **Bm/A**   **G**   **D/F#**
And you can tell the sun in his jealous sky

        Em   **A7**   **D**   **F#m7**
When we walked in fields of gold.

Middle

Gsus2   **A**   **D**   **D/F#**
  I never made promises lightly,

Gsus2   **A**   **D**   **D/F#**
  And there have been some that I've broken,

Gsus2   **A**   **Bm** **Bm/A**
  But I swear in the days still left,

       Gadd9 **Asus2** **Bm** **Bm/A**
We will walk in fields of gold,

       Gadd9   **A**   **D**   **D/C#**
We'll   walk in fields of gold.

Guitar solo

| Bm Bm/A | Gadd9 G | G A | D D/C# |

| Bm Bm/A | G D/F# | Em A | D D/C# |

| Bm Bm/A | Gadd9 G | G A | D D/C# |

| Bm Bm/A | G D/F# | Em A | D F#m7 ‖

Middle 2

Gsus2   **A**   **D**   **D/F#**
  I never made promises lightly,

Gsus2   **A**   **D**   **D/F#**
  And there have been some that I've broken,

Gsus2   **A**   **Bm** **Bm/A**
  But I swear in the days still left,

       Gadd9 **Asus2** **Bm**
We will walk in fields of gold,

       Gadd9   **A**   **D**   **D/C#**
We'll walk in fields of gold.

Interlude

| Bm Bm/A | Gsus2 | D Dsus4 | D

Ooh._____

Verse 4

D/C♯ Bm   Bm/A   Gadd9   G

Many years have passed since those summer days

          A   D

Among the fields of barley.

D/C♯   Bm   Bm/A   G   D/F♯

See the children run as the sun goes down

Em   A7   D

  As you lie in fields of gold.

Verse 5

           Bm   Bm/A   Gadd9   G

You'll re - member me when the west wind moves

         A   D

Among the fields of barley.

D/C♯   Bm   Bm/A   G   D/F♯

  You can tell the sun in his jealous sky

        Em   A7   D

When we walked in fields of gold,

        Gsus2   A   Bm

When we walked in fields of gold,

Bm/A   Gadd9   A   N.C.   D

  When we walked in fields of gold.

Outro

| Bm Bm/A | Gadd9 | D Dsus4 | D   ‖

Ooh.

Trouble

Words & Music by
Chris Martin, Guy Berryman, Jon Buckland & Will Champion

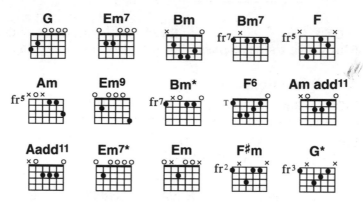

Tune top string down to D

Intro

‖: G   Em7 | Bm | G   Em7 | Bm   :‖

Verse 1

  G   Em7 Bm7
   Oh no, I see,

     F   Am   G
A spider web is tangled up with me,

     Em7   Bm7
And I lost my head,

     F   Am   G
And thought of all the stupid things I'd said.

Link 1

| G   Em7 | Bm | G   Em7 | Bm   ‖

Verse 2

  G   Em9   Bm*
   Oh no, what's this?

  F6   Am add11
A spider web, and I'm caught in the middle,

 G   Em9   Bm*
   So I turn to run,

  F6   Am add11   G
And thought of all the stupid things I'd done.

Chorus 1

        Aadd¹¹   **Em⁷**
And ah, I never meant to cause you trouble,

        Aadd¹¹   **Em⁷**
And ah, I never meant to do you wrong,

         Aadd¹¹   **Em⁷**
And ah, well if I ever caused you trouble,

        Aadd¹¹   **Em⁷**
Then oh, I never meant to do you harm.

Link 2 | G Em⁷ | Bm | G Em⁷ | Bm ||

Verse 3

G   **Em⁹** **Bm***
  Oh no, I see,

   F⁶   **Amadd¹¹**
A spider web and it's me in the middle,

G   **Em⁷**   **Bm***
  So I twist and turn,

   F⁶   **Amadd¹¹**   **G**
But here I am in my little bubble.

Chorus 2

        Aadd¹¹   **Em⁷**
Singing out ah, I never meant to cause you trouble,

      Aadd¹¹   **Em⁷**
And ah, I never meant to do you wrong,

      Aadd¹¹   **Em⁷**
And ah, well if I ever caused you trouble,

      Aadd¹¹   **Em⁷**
Then oh no I never meant to do you harm.

Link 3 ||: G Em⁹ | Bm* | G Em⁹ | Bm*   :||

Coda

Em   **F♯m**   **G*** **F♯m**   **Em**
  And they spun a web for me,

      F♯m   **G*** **F♯m**   **Em**
And they spun a web for me,

        F♯m   **G*** **F♯m**   **Em** | **Em** |
And they spun a web for me.

     ||: G Em⁷ | Bm* | G Em⁷ | Bm*   :||

Thank You

Words & Music by
Dido Armstrong & Paul Herman

Em **C** **D** **G** **G/F#** **G/B** **C/D** **Am**

Capo fourth fret

Intro   ‖: Em | C | Em | C :‖ *Play 4 times*

Verse 1

     Em   C
My tea's gone cold
               D   G   G/F# Em
I'm wondering why I got out of bed at all,
             C   D
The morning rain clouds up my window,
   G   G/F# Em
And I can't see at all.
         C   D
And even if I could it'd all be grey
       G   G/F# Em
But your picture on my wall
       C   Em
It re - minds me that it's not so bad,
      C | Em | C | Em | C |
It's not so bad.

Verse 2

     Em   C
I drank too much last night,
        D   G   G/F#   Em
Got bills to pay, my head just feels in pain.
             C   D
I missed the bus and they'll be hell today,
    G   G/F#   Em
I'm late for work a - gain.
          C   D
And even if I'm there, they'll all imply

cont.

```
       G        G/F#   Em
That I might not last the day,
                C
And then you'll call me
          Em
And it's not so bad,
        C
It's not so bad.
```

Chorus 1

```
       G  G/B    C
And I  want to thank you
     C/D          G        G/B   C   C/D
For giving me the best day of my life,
       G  G/B   C
And oh, just to be with you
     C/D         G/B          Am
Is having the best day of my life.
```

Interlude

```
| G G/B | C C/D | G G/B | C C/D |

| G G/B | C     | G/B   | Am    ‖
```

Verse 3

```
G                        G/B   C
  Push the door, I'm home at last
          C/D            G
And I'm soaking through and through.
           G/B  C
Then you handed me a towel,
        C/D  G
And all I see is you.
           G/B          C
And even if my house falls down now
         C/D   G/B
I wouldn't have a clue
            Am
Because you're near me.
```

Chorus 2   As Chorus 1

Chorus 3   As Chorus 1

23

Cannonball

Words & Music by
Damien Rice

Am7   Fadd9   C   G/B   Dm7   F   Fsus2

Capo first fret

Intro
‖: Am7   Fadd9 | C   G/B :‖   *Play 3 times*

| Dm7 | F   G/B |

Verse 1

Am7   Fadd9 C   G/B
Still a little bit of your taste in my mouth
Am7   Fadd9 C   G/B
Still a little bit of you laced with my doubt
Am7   Fadd9 C G/B
It's still a little hard to say
    Dm7 | F G/B|
What's going on.

Verse 2

Am7   Fadd9   C   G/B
Still a little bit of your ghost, your witness,
Am7   Fadd9   C G/B
Still a little bit of your face I haven't kissed
Am7   Fadd9   C
You step a little closer each day,
  G/B   Dm7 | F G/B|
But I can't say what's going on.

Chorus 1

C Fsus2   G/B
Stones taught me to fly
C Fsus2   G/B
Love taught me to lie
C Fsus2   G/B
Life taught me to die
     Dm7
So it's not hard to fall,
      F   G/B (Am7)
When you float like a can - nonball.

Interlude As Intro

Verse 3

Am⁷   Fadd⁹   C   G/B
Still a little bit of your song in my ear

Am⁷   Fadd⁹   C   G/B
There's still a little bit of your words I long to hear

Am⁷   Fadd⁹   C
You step a little closer to me,

  G/B   Dm⁷ | F   G/B|
So close that I can't see what's going on.

Chorus 2

C   Fsus²   G/B
Stones taught me to fly

C   Fsus²   G/B
Love taught me to lie

C   Fsus²   G/B
Life taught me to die

         Dm⁷
So it's not hard to fall,

         F   G/B
When you float like a cann on...

Chorus 3

C   Fsus²   G/B
Stones taught me to fly,

C   Fsus²   G/B
Love taught me to cry,

            C
So come on courage,

Fsus²   G/B
Teach me to be shy,

           Dm⁷
'Cause it's not hard to fall,

       F   G/B
And I don't wanna scare her,

      Dm⁷
It's not hard to fall,

       F   G/B
And I don't wanna lose,

      Dm⁷
It's not hard to grow,

       F   G/B   (Am⁷)
When you know that you just don't know.

Outro

‖: Am⁷ Fadd⁹ | C G/B | Am⁷ Fadd⁹ | C G/B |

| Am⁷ Fadd⁹ | C G/B | Dm⁷ | F   G/B :‖ *Play 4 times*

| Am⁷ |

25

Kiss Me

Words & Music by
Matt Slocum

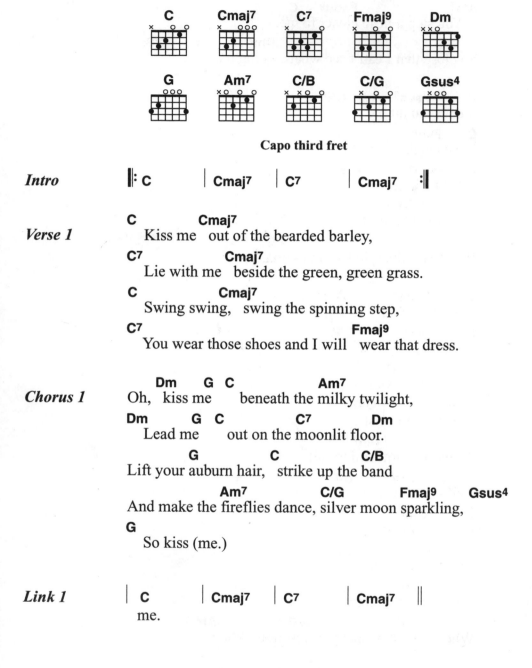

Capo third fret

Intro   ‖: C | Cmaj7 | C7 | Cmaj7 :‖

Verse 1

    C   Cmaj7
    Kiss me out of the bearded barley,
    C7   Cmaj7
    Lie with me beside the green, green grass.
    C   Cmaj7
    Swing swing, swing the spinning step,
    C7   Fmaj9
    You wear those shoes and I will wear that dress.

Chorus 1

       Dm   G   C   Am7
    Oh, kiss me   beneath the milky twilight,
    Dm   G   C   C7   Dm
    Lead me   out on the moonlit floor.
            G   C   C/B
    Lift your auburn hair, strike up the band
               Am7   C/G   Fmaj9   Gsus4
    And make the fireflies dance, silver moon sparkling,
    G
    So kiss (me.)

Link 1 | C | Cmaj7 | C7 | Cmaj7 ‖
    me.

Verse 2

    C   **Cmaj7**
Kiss me   down by the broken tree house,

C7   **Cmaj7**   **C**
Swing me   upon its hanging tyre.

             Cmaj7
Bring, bring,   bring your flower hat.

C7   **Fmaj9**
We'll take the trail marked on your   father's map.

Chorus 2

      Dm   **G C**   **Am7**
Oh, kiss me   beneath the milky twilight,

Dm   **G C**   **C7**   **Dm**
Lead me   out on the moonlit floor.

         G   **C**   **C/B**
Lift your auburn hair, strike up the band

             Am7   **C/G**   **Fmaj9**   **Gsus4**
And make the fireflies dance, silver moon sparkling,

G
  So kiss (me.)

Link 2 | **C** | **Cmaj7** | **C7** | **Cmaj7** ||
     me.

Solo | **Dm G** | **C Am7** | **Dm G** | **C C7** ||

Chorus 3

      Dm   **G C**   **Am7**
Oh, kiss me   beneath the milky twilight,

Dm   **G C**   **C7**   **Dm**
Lead me   out on the moonlit floor.

         G   **C**   **C/B**
Lift your auburn hair, strike up the band

             Am7   **C/G**   **Fmaj9**   **Gsus4**
And make the fireflies dance, silver moon sparkling,

G
  So kiss (me.)

Outro ||: **C** | **Cmaj7** | **C7** | **Cmaj7** :|| *Play 3 times*
     me.   So kiss

     | **C** | **Cmaj7** | **C7** | **Cmaj7** | **C** ||
     me.

Wild Wood

Words & Music by
Paul Weller

Bm   F#m/B   Em7   F#7#5b9

Intro

| Bm | Bm | F#m/B | F#m/B |

| Em7 | F#7#5b9 | Bm | Bm |

Verse 1

Bm   F#m/B
High tide, mid-afternoon,
Em7   F#7#5b9 Bm
People fly by in the traffic's boom.
                   F#m/B
Knowing just where you're blowing,
Em7   F#7#5b9   Bm
Getting to where you should be going.

Verse 2

                 F#m/B
Don't let them get you down,
Em7   F#7#5b9 Bm
Making you feel   guilty about
                  F#m/B
Golden rain will bring you riches,
Em7   F#7#5b9 Bm
All the good things   you deserve now.

Solo

| Bm | Bm | F#m/B | F#m/B |

| Em7 | F#7#5b9 | Bm | Bm |

Verse 3

Bm   F#m/B
Climbing, forever trying,
Em7   F#7#5b9 Bm
Find your way out of the wild, wild wood.
        F#m/B
Now there's no justice,
      Em7   F#7#5b9   Bm
You've only yourself that you can trust in.

Verse 4

Bm   F♯m/B
And I said, high tide mid-afternoon,
      Em^7 F♯7$^{\sharp 5}_{\flat 9}$ Bm
Woah, people fly by in the traffic's boom.
                    F♯m/B
Knowing just where you're blowing,
Em^7 F♯7$^{\sharp 5}_{\flat 9}$ Bm
Getting to where you should be going.

Solo

| Bm | Bm | F♯m/B | F♯m/B |

| Em^7 | F♯7$^{\sharp 5}_{\flat 9}$ | Bm | Bm ‖

Verse 5

Bm   F♯m/B
Day by day your world fades away,
Em^7 F♯7$^{\sharp 5}_{\flat 9}$ Bm
Waiting to feel all the dreams that say
                  F♯m/B
Golden rain will bring you riches,
Em^7 F♯7$^{\sharp 5}_{\flat 9}$ Bm
All the good things   you deserve now, and I say,

Verse 6

             F♯m/B
Climbing, forever trying
          Em^7 F♯7$^{\sharp 5}_{\flat 9}$ Bm
You're gonna find your way out of the wild, wild wood.
             Em^7 F♯7$^{\sharp 5}_{\flat 9}$
I said you're gonna find your way out
      Bm
Of the wild, wild wood.

Yesterday

Words & Music by
John Lennon & Paul McCartney

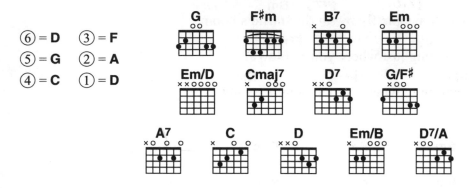

6 = D	3 = F
5 = G	2 = A
4 = C	1 = D

Intro | G | G |

Verse 1

G
Yesterday,

F#m   B7   Em   Em/D
   All my troubles seemed so far away

Cmaj7   D7   G   G/F#
   Now it looks as though they're here to stay

    Em   A7   C   G
Oh, I be - lieve in yesterday.

Verse 2

G   F#m   B7   Em   Em/D
Suddenly,   I'm not half the man I used to be,

Cmaj7   D7   G
   There's a shadow hanging over me,

G/F# Em   A7   C   G
Oh, yester - day came suddenly.

Bridge

F#m   B7
Why she

Em D C Em/B D7/A   D7   G
Had to go I don't know she wouldn't say.

F#m   B7
I   said

Em   D   C   Em/B D7/A   D7   G
Some - thing wrong, now I long for yester - day.

Verse 3

G   F#m   B7   Em   Em/D
Yesterday, love was such an easy game to play.

Cmaj7 D7   G   G/F#
 Now I need a place to hide away.

    Em   A7   C G
Oh, I be - lieve in yesterday.

Bridge 2

F#m B7
Why she

Em D C Em/B D7/A D7   G
Had to go I don't know she wouldn't say.

F#m B7
I said

Em   D   C   Em/B D7/A D7   G
Some - thing wrong, now I long for yester - day.

Verse 4

G   F#m   B7   Em   Em/D
Yesterday, love was such an easy game to play

Cmaj7 D7   G   G/F#
 Now I need a place to hide away.

    Em   A7   C G
Oh, I be - lieve in yesterday.

| Em A7 | C G | |

The Sound Of Silence

Words & Music by
Paul Simon

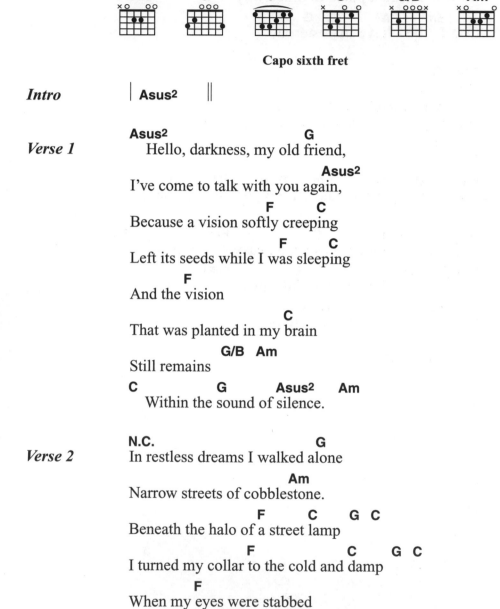

Capo sixth fret

Intro | **Asus2** ‖

Verse 1

Asus2   **G**
Hello, darkness, my old friend,

                    Asus2
I've come to talk with you again,

              F   **C**
Because a vision softly creeping

              F   **C**
Left its seeds while I was sleeping

      F
And the vision

                 C
That was planted in my brain

             G/B **Am**
Still remains

C   **G**   **Asus2**   **Am**
   Within the sound of silence.

Verse 2

N.C.   **G**
In restless dreams I walked alone

                   Am
Narrow streets of cobblestone.

              F   **C**   **G** **C**
Beneath the halo of a street lamp

              F   **C**   **G** **C**
I turned my collar to the cold and damp

      F
When my eyes were stabbed

              C
By the flash of a neon light

cont.

               G/B Am
That split the night
C   G   Am
  And touched the sound of silence.

Verse 3

                     G
And in the naked light I saw

                Am
Ten thousand people, maybe more:
              F   C   G C
People talking without speaking,
              F   C   G C
People hearing without listening,
         F   C
People writing songs that voices never share
          G/B Am
And no-one dare
C   G   Am
  Disturb the sound of silence.

Verse 4

                   G
"Fools," said I, "You do not know

             Am
Silence like a cancer grows.
              F   C
Hear my words that I might teach you,
              F   C
Take my arms that I might reach you."
       F   C   G/B Am
But my words like silent raindrops fell,
      C   G   Am
And echoed in the wells of silence.

Verse 5

                   G
And the people bowed and prayed
             Am
To the neon god they made.
               F   C   G C
And the sign flashed out its warning
              F   C   G C
In the words that it was forming,
             F
And the sign said, "The words of the prophets
             C
Are written on the subway walls
           G/B Am
And tenement halls,
      C   G   Asus2
And whispered in the sounds of silence."

Wild World

Words & Music by
Cat Stevens

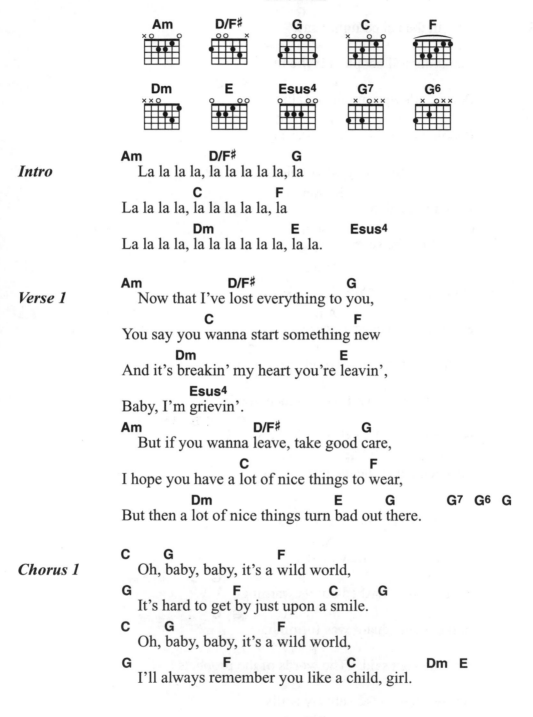

Intro

        Am   **D/F♯**   **G**
La la la la, la la la la la, la
             C   **F**
La la la la, la la la la la, la
           Dm   **E**   **Esus⁴**
La la la la, la la la la la la, la la.

Verse 1

        Am   **D/F♯**   **G**
Now that I've lost everything to you,
           C   **F**
You say you wanna start something new
       Dm   **E**
And it's breakin' my heart you're leavin',
       Esus⁴
Baby, I'm grievin'.
     Am   **D/F♯**   **G**
But if you wanna leave, take good care,
          C   **F**
I hope you have a lot of nice things to wear,
       Dm   **E**   **G**   **G⁷ G⁶ G**
But then a lot of nice things turn bad out there.

Chorus 1

C   **G**   **F**
Oh, baby, baby, it's a wild world,
G   **F**   **C**   **G**
It's hard to get by just upon a smile.
C   **G**   **F**
Oh, baby, baby, it's a wild world,
G   **F**   **C**   **Dm E**
I'll always remember you like a child, girl.

Verse 2

    Am   **D/F♯**   **G**
You know I've seen a lot of what the world can do

        C   **F**
And it's breakin' my heart in two

      Dm   **E**
Because I never wanna see you a sad girl,

        Esus4
Don't be a bad girl.

  Am   **D/F♯**   **G**
  But if you wanna leave, take good care,

            C   **F**
I hope you make a lot of nice friends out there,

        Dm   **E**   **G**   **G7** **G6** **G**
But just remember there's a lot of bad and beware.

Chorus 2   As Chorus 1

Solo | **Am** | **D/F♯** | **G** |

        C   **F**
La la la la, la la la la la, la

        Dm   **E**
La la la la, la la la la la la, la la.

Verse 3

        Esus4
Baby, I love you,

  Am   **D/F♯**   **G**
  But if you wanna leave, take good care,

            C   **F**
I hope you make a lot of nice friends out there,

        Dm   **E**   **G**   **G7** **G6** **G**
But just remember there's a lot of bad and beware.

Chorus 3   As Chorus 1

Chorus 4

C   **G**   **F**
  Oh, baby, baby, it's a wild world,

G   **F**   **C**   **G**
  And it's hard to get by just upon a smile.

C   **G**   **F**   **N.C.**
  Oh, baby, baby, it's a wild world,

        G   **Dm**   **C**
And I'll always remember you like a child, girl.

Mandolin Wind

Words & Music by
Rod Stewart

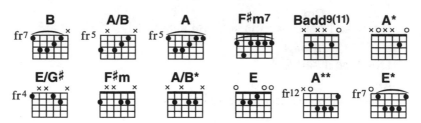

Tune guitar slightly flat

Intro
| B | A/B | A/B | B | B | |
| A | F#m7 | Badd9(11) A* E/G# F#m | A/B* E ||

Verse 1

A** E* A**   E*
  When the rain came, I thought you'd leave

  A**   E*
'Cause I knew how much you love the sun.

   A**   E*
But you chose to stay, stay and keep me warm

     A**   E*
Through the darkest nights I'll ever know.

    B   A
If the mandolin wind couldn't change a thing

      A E(Fill)
Then I know I love you.

Verse 2

A** E* A**   E*
  Oh the snow fell without a break,

A**   E*
Buffalo died in the frozen fields you know.

   A**   E*
Through the coldest winter in almost fourteen years,

  A**   E*
I couldn't believe you kept a smile.

    B   A
Now I can rest assured knowing that we've seen the worst

      A E(Fill)
And I know I love you.

Verse 3

A** E*   A**   E*
        Oh I never was good with ro - mantic words

     A**   E*
So the next few lines come really hard,

A**   E*
I don't have much but what I've got is yours

     A**   E*
Ex - cept of course my steel guitar.

       B   A
'Cause I know you don't play, but I'll teach you one day

        A   E(Fill) N.C.
Because I love you.

Instrumental   ‖: A | E   :‖ *Play 4 times*

                 | B | A | F#m7 | B | B |

                 | A | F#m7 | Badd9(11) A7 G#10 F#m | A/B* E ‖

Verse 4

A** E* A**   E*
       I recall the night we knelt and prayed

A**   E*
Noticing your face was thin and pale,

    A**   E*
I found it hard to hide my tears,

    A**   E*
I felt ashamed, I felt I'd let you down.

     B   A
No mandolin wind couldn't change a thing,

      F#m7   B
Couldn't change a thing, no, no.

Instrumental 2 ‖: B | A | F#m7 | B :‖ B | A | F#m7 | B   ‖
             2° ad lib. vocals

Outro

       B   A
The coldest winter, in almost fourteen years,

     F#m7   B
Could never, never change your mind, yeah.

B | A | F#m7   B
          And I love you, yes indeed I love you.

       B   A   F#m7 B
And I love you, Lord, I love you.

       B   A   F#m7 B
And I love you, Lord, I love you.   *To fade*

Woodstock

Words & Music by
Joni Mitchell

Em   D   Bm   D/E   fr5 Am   fr7 G/A   Am*   F♯m

Capo third fret

Intro   ‖: Em | D | D Bm | Em :‖

Verse 1

    Em   D/E
I came upon a child of God
       Am   G/A
He was walking along the road,
       Am   G/A
When I asked him, where are you going?
       Em D/E
This he told me:
      Em   D/E
"I'm going down to Yasgur's farm,
       Am   G/A
Think I'll join a rock 'n' roll band,
      Am   G/A
I'll camp out on the land,
          Em   D/E
I'll try and set my soul free."

Chorus 1

      Am*   Em
We are stardust, we are golden,
        Am*   G   F♯m
And we've got to get our - selves back to the garden.

Interlude 1 | Em D/E | Em D/E ‖

Verse 2

      Em   D/E
Then can I walk be - side you?
       Am   G/A
I have come here to lose the smog,
       Am   G/A   Em   D/E
And I feel just like a cog in something turning.

                       Em   **D/E**
cont.   Well maybe it's the time of year,
                         Am   **G/A**
               Or maybe it's the time of man,
                       Am   **G/A**
               And I don't know who I am
                                      Em   **D/E**
               But life's for learning.

Chorus 2   As Chorus 1

Interlude 2 As Interlude 1

                       Em   **D/E**
Verse 3   By the time I got to Woodstock
                              Am   **G/A**
               They were half a million strong,
               Am   **G/A**   **Em**   **D/E**
                 Everywhere there were songs and cele - bration.
                       Em   **D/E**
               And I dreamed I saw the bombers
                             Am   **G/A**
               Riding shot gun in the sky
                             Am   **G/A**   **Em**   **D/E**
               Turning into butter - flies above our nation.

Chorus 3   As Chorus 1

Instrumental ‖: **Em** | **D** | **D** **Bm** | **Em**   :‖

                ‖: **Em** | **Em** | **Am** | **G/A** |

                | **Am** | **G/A** | **Em** | **Em**   :‖

Chorus 4   As Chorus 1

               | **Em** | **D/E** |

Chorus 5   As Chorus 1

               | **Em**   ‖

Things Behind The Sun

Words & Music by
Nick Drake

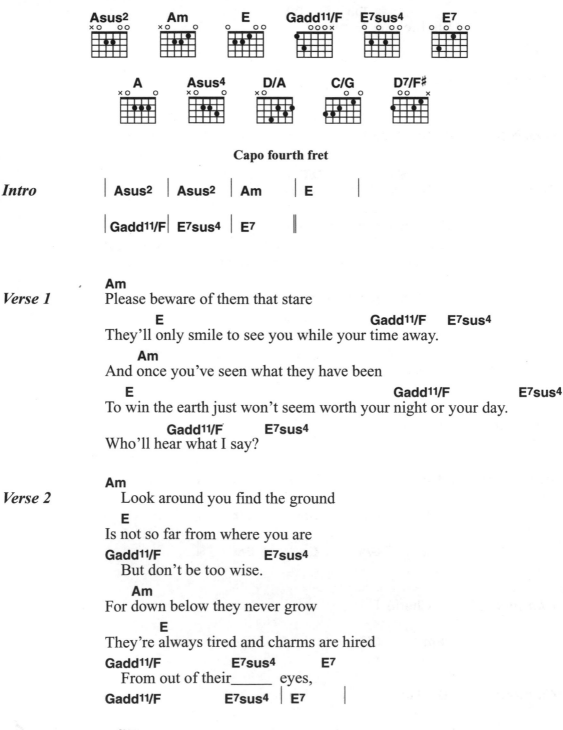

Capo fourth fret

Intro | Asus² | Asus² | Am | E |

| Gadd¹¹/F | E⁷sus⁴ | E⁷ ‖

Verse 1

Am
Please beware of them that stare

    E   Gadd¹¹/F   E⁷sus⁴
They'll only smile to see you while your time away.

    Am
And once you've seen what they have been

    E   Gadd¹¹/F   E⁷sus⁴
To win the earth just won't seem worth your night or your day.

        Gadd¹¹/F   E⁷sus⁴
Who'll hear what I say?

Verse 2

Am
    Look around you find the ground

    E
Is not so far from where you are

Gadd¹¹/F   E⁷sus⁴
    But don't be too wise.

    Am
For down below they never grow

        E
They're always tired and charms are hired

Gadd¹¹/F   E⁷sus⁴   E⁷
    From out of their_____ eyes,

Gadd¹¹/F   E⁷sus⁴ | E⁷ |

Chorus 1
      A
     Take your time and you'll be fine
                    D/A   **C/G**
And say a prayer for people there
              D7/F♯
Who live on the floor.
    A   **Asus4**
And if you see what's meant to be
     A   **D/A**
Don't name the day or try to say
C/G   **D7/F♯** | **Gadd11/F** | **E7sus4** | **E7**   ‖
    It happened be - fore.

Verse 3
      Am
     Don't be shy you learn to fly
         E
And see the sun when day is done
Gadd11/F   **E7sus4** **E7**
    If only you see,
Am
Just what you are beneath a star
        E
That came to stay one rainy day
Gadd11/F   **E7sus4**
    In autumn for free.
E7   **Gadd11/F**   **E7sus4** | **E7**
    Yes, be what you'll be.

Instrumental ‖: **A Asus4** | **A** **D/A** | **C/G** | **D7/F♯** :‖ **Gadd11/F♯** | **E7sus4** | **E7** |

               | **E7sus4** | **E7**   ‖

Verse 4   As Verse 1

41

Chorus 2

A
   Open up the broken cup

              D/A
Let goodly sin and sunshine in

C/G   D/F♯
   Yes that's today.

     A   Asus4
And open wide the hymns you hide

     A   D/A
You find re-known while people frown

C/G   D7/F♯
   At things that you say.

C/G   D7/F♯
   But say what you'll say

Outro

Gadd11/F   E7sus4 E7
   About the farmers and the fun,

Gadd11/F   E7sus4 E7
   And the things behind the sun,

Gadd11/F   E7sus4 E7
   And the people round your head,

Gadd11/F   E7sus4 E7
   Who say everything's been said

Gadd11/F   E7sus4 E7
   And the movement in your brain

Gadd11/F   E7sus4 | E7 |
   Sends you out into the rain.

| A Asus4 | D/A A ‖

Fell In Love With A Boy

Words & Music by
Jack White

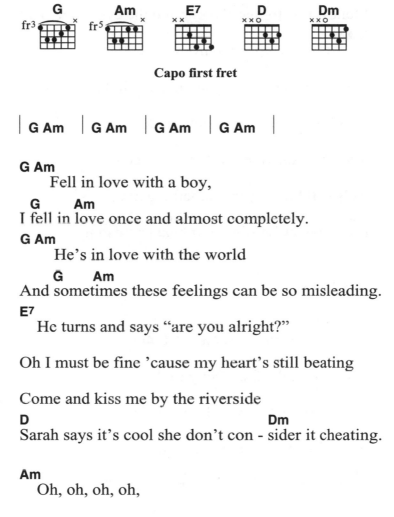

Capo first fret

Intro | G Am | G Am | G Am | G Am |

Verse 1

     G Am
     Fell in love with a boy,

  G   Am
I fell in love once and almost completely.

G Am
    He's in love with the world

    G   Am
And sometimes these feelings can be so misleading.

E⁷
   He turns and says "are you alright?"

Oh I must be fine 'cause my heart's still beating

Come and kiss me by the riverside

D   Dm
Sarah says it's cool she don't con - sider it cheating.

Chorus 1

Am
   Oh, oh, oh, oh,

Oh, oh, oh, oh,

Oh, oh, oh, oh,

Oh, oh, oh, oh.

Verse 2

     G Am
       Red hair with a curl

         G   Am
  Mellow roll for the flavour and the eyes were peepin'

G Am
       Can't keep away from the boy

       G   Am
The two sides of my brain need to have a meeting.

E⁷
   Can't think of anything to do

My left brain knows all love is fleetin'

He's still looking for something new

 D   **Dm**
I said it once before but it bears repeating.

Chorus 2   As Chorus 1

Interlude | G Am | G Am | G Am | G Am |

E⁷
   Can't think of anything to do,

My left brain knows all love is fleetin'

Is he looking for something new?

 D   **Dm**
I said it once before but it bears repeating

Chorus 3   As Chorus 1

Verse 3

Am
   I fell in love with a boy

I fell in love once and almost completely

He's in love with the world

And sometimes these feelings can be so misleading.
E⁷
   He turns and says "are you alright?"

Oh I must be fine 'cause my heart's still beating

Come and kiss me by the riverside
D   **Dm**
Sarah says it's cool she don't con - sider it cheating.

Middle

E⁷
   Don't go telling all my,

Don't go telling all my,

Don't go telling all my lies on Sarah.

Don't go telling all my,

Don't go telling all my,
D   **Dm**
   Don't go telling all my lies on Sarah.

Chorus 4

As Chorus 1
G Am
   Oh, oh, oh, oh, oh.
N.C.
'Cause it bears repeating

45

She Belongs To Me

Words & Music by
Bob Dylan

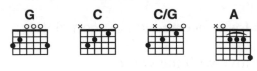

Capo second fret

Intro | G ||

Verse 1
          G
She's got everything she needs,
       C   **G**   **C/G G**
She's an artist, she don't look back.
       C
She's got everything she needs,
                    G   **C/G G**
She's an artist, she don't look back.
         A
She can take the dark out of the night-time
     C   **G**   **C/G G**
And paint the daytime black.

Verse 2
          G
You will start out standing,
C   **G**   **C/G G**
Proud to steal her anything she sees.
       C
You will start out standing,
                   G   **C/G G**
Proud to steal her anything she sees.
        A   **C**
But you will wind up peeking through her keyhole
              G   **C/G G**
Down upon your knees.

Verse 3

G
She never stumbles,
       C   G   C/G G
She's got no place to fall.
      C
She never stumbles,
                G   C/G G
She's got no place to fall.
        A
She's nobody's child,
      C   G   C/G G
The Law can't touch her at all.

Link

| G | | C | | G | C/G | G | | C | | C | | |
| G | C/G | G | | A | | | C | | G | C/G | G | |

Verse 4

G
She wears an Egyptian ring,
    C   G   C/G G
It sparkles before she speaks.
             C
She wears an Egyptian ring
              G   C/G G
It sparkles before she speaks.
        A
She's a hypnotist collector,
      C   G   C/G G
You are a walking antique.

Verse 5

G
Bow down to her on Sunday,
    C   G   C/G G
Salute her when her birthday comes.
    C
Bow down to her on Sunday,
                G   C/G G
Salute her when her birthday comes.
        A
For Halloween buy her a trumpet
      C   G   C/G G
And for Christmas, get her a drum.

Coda

| G | | C | | G | C/G | G | | |

Fade out

47

Pass It On

Words & Music by
James Skelly

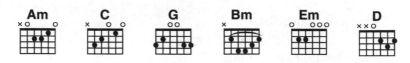

Am   C   G   Bm   Em   D

Intro | Am | C G   ‖: Am | C G   :‖

Verse 1
         Am
Every day I recognise
                C   **G**
What's de - ceased and what's a - live,
         Am
But don't repeat what I just said
      C   **G**
Until boulders turn to lead.
         Am
Then all the tales will be told
           C   **G**
Whilst you and I are in the cold
        Am
But don't think this is the end
      C   **G**
'Cause it's just begun my friend.

Chorus 1
           Bm
And when it's done
         Em
And all this is gone
G   **C**   **Em**
  Just find a feeling pass it on.

Verse 2

       Am
For every tear cried in shame
      C   **G**
There'll be someone else to blame
      Am
And every crime that I commit
         C   **G**
There'll be a punishment to fit.
      Am
But I'd ac - cept what's coming round
      C   **G**
If I could only lose this sound
      Am
That's been ringing in my ears
     C   **G**
And tormenting me for years.

Chorus 2

      Bm
When it's done
        Em
And all this is gone
G   **C**   **Em**
  Just find a feeling pass it on.

Interlude   ‖: Am | C G | Am | C G :‖

Chorus 3

      Bm
And when it's done,
      Em
And all this is gone
G   **C**   **Em**
  Just find a feeling pass it on,
G   **C**   **Em**
  Just find a feeling pass it on,
G   **C**   **Em**
  Just find a feeling pass it on,
G   **C**   **Em**
  Just find a feeling pass it on.

Outro | G D | G D | G D | G D | G   ‖

Everybody's Talkin'

Words & Music by
Fred Neil

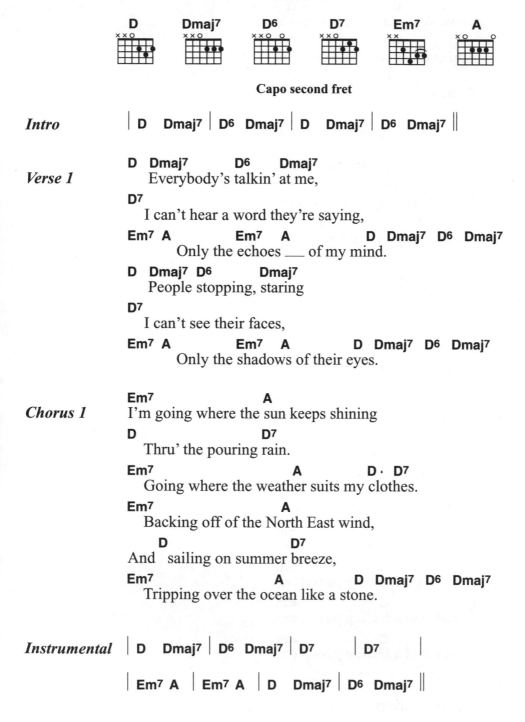

Capo second fret

Intro

| D Dmaj7 | D6 Dmaj7 | D Dmaj7 | D6 Dmaj7 ||

Verse 1

D Dmaj7   D6   Dmaj7
Everybody's talkin' at me,

D7
I can't hear a word they're saying,

Em7 A   Em7   A   D Dmaj7 D6 Dmaj7
Only the echoes ___ of my mind.

D Dmaj7 D6   Dmaj7
People stopping, staring

D7
I can't see their faces,

Em7 A   Em7   A   D Dmaj7 D6 Dmaj7
Only the shadows of their eyes.

Chorus 1

Em7   A
I'm going where the sun keeps shining

D   D7
Thru' the pouring rain.

Em7   A   D · D7
Going where the weather suits my clothes.

Em7   A
Backing off of the North East wind,

        D   D7
And   sailing on summer breeze,

Em7   A   D Dmaj7 D6 Dmaj7
Tripping over the ocean like a stone.

Instrumental

| D Dmaj7 | D6 Dmaj7 | D7 | D7 |

| Em7 A | Em7 A | D Dmaj7 | D6 Dmaj7 ||

Chorus 2

Em⁷   **A**
I'm going where the sun keeps shining

D   **D⁷**
  Thru' the pouring rain.

Em⁷   **A**   **D**   **D⁷**
  Going where the weather suits my clothes.

Em⁷   **A**
  Backing off of the North East wind,

   D   **D⁷**
And   sailing on summer breeze,

Em⁷   **A**   **D Dmaj⁷ D⁶ Dmaj⁷**
  Tripping over the ocean like a stone.

D   Dmaj⁷   D⁶   Dmaj⁷   D Dmaj⁷ D⁶ Dmaj⁷
  Everybody's talkin' at me. _____

‖: **D   Dmaj⁷** │ **D⁶ Dmaj⁷** │ **D   Dmaj⁷** │ **D⁶ Dmaj⁷** │

│ **D   Dmaj⁷** │ **D⁶ Dmaj⁷** │ **D   Dmaj⁷** │ **D⁶ Dmaj⁷** :‖ **D**   ‖

Working Class Hero

Words & Music by
John Lennon

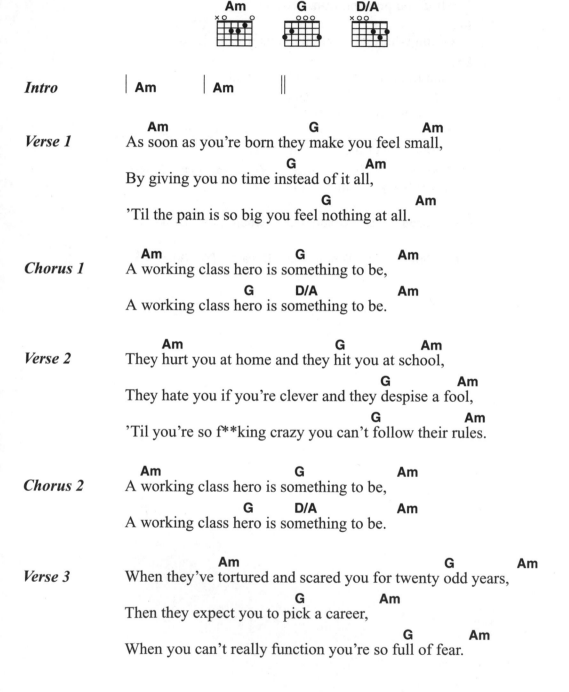

Am   G   D/A

Intro | Am | Am ||

Verse 1
>   Am   G   Am
> As soon as you're born they make you feel small,
>   G   Am
> By giving you no time instead of it all,
>   G   Am
> 'Til the pain is so big you feel nothing at all.

Chorus 1
> Am   G   Am
> A working class hero is something to be,
>   G   D/A   Am
> A working class hero is something to be.

Verse 2
>   Am   G   Am
> They hurt you at home and they hit you at school,
>   G   Am
> They hate you if you're clever and they despise a fool,
>   G   Am
> 'Til you're so f**king crazy you can't follow their rules.

Chorus 2
> Am   G   Am
> A working class hero is something to be,
>   G   D/A   Am
> A working class hero is something to be.

Verse 3
>   Am   G   Am
> When they've tortured and scared you for twenty odd years,
>   G   Am
> Then they expect you to pick a career,
>   G   Am
> When you can't really function you're so full of fear.

Chorus 3

    Am   **G**   **Am**
A working class hero is something to be,

         G **D/A**   **Am**
A working class hero is something to be.

Verse 4

      Am   **G**   **Am**
Keep you doped with religion and sex and T. V. ___

            G   **Am**
And you think you're so clever and classless and free,

           G **Am**
But you're still f**king peasants as far as I can see.

Chorus 4

    Am   **G**   **Am**
A working class hero is something to be,

         G **D/A**   **Am**
A working class hero is something to be.

Verse 5

      Am   **G** **Am**
There's room at the top they are telling you still,

          G **Am**
But first you must learn how to smile as you kill,

        G **Am**
If you want to be like the folks on the hill.

Chorus 5

    Am   **G**   **Am**
A working class hero is something to be,

         G **D/A**   **Am**
A working class hero is something to be.

Chorus 6

    Am   **G**   **Am**
If you want to be a hero well just follow me,

         G **D/A** **Am**
If you want to be a hero well just follow me.

Street Spirit (Fade Out)

Words & Music by
Thom Yorke, Jonny Greenwood, Colin Greenwood,
Ed O'Brien & Phil Selway

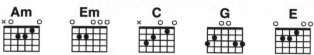

Tune guitar slightly flat

Intro | Am | Am | Am | Am ‖

Verse 1
Am
Rows of houses, all bearing down on me

I can feel their blue hands touching me
Em
All these things into position

                                          Am | **Am** |
All these things we'll one day swallow whole.

Chorus 1
     C   **Em** **Am** | **Am**
And fade out a - gain,
     C   **Em**
And fade out.

Verse 2
Am
This machine will, will not communicate

These thoughts and the strain I am under.
Em
Be a world child, form a circle
             Am | **Am** |
Before we all go under.

Chorus 2
     C   **Em** **Am** | **Am**
And fade out a - gain,
     C   **Em** **Am** | **Am**
And fade out a - gain.

Middle
C
  Oh no, no,
Em
  Oh no, no,

cont.

Am
  Oh no, no,
Am
  Oh no, no.
C
  Oh no, no,
Em
  Oh no, no.

Verse 3

Am
Cracked eggs, dead birds

Scream as they fight for life

I can feel death, can see its beady eyes.
Em
All these things into position

                                              Am │ **Am**
All these things we'll one day swallow whole.

Chorus 3

      C   Em   Am │ **Am**
And fade out a - gain,
      C   Em   Am │ **Am**
And fade out a - gain.

Middle

C
  Oh no, no,
Em
  Oh no, no,
Am
  Oh no, no,
Am
  Oh no, no,
C
  Oh no, no,
Em
  Oh no, no,
Am
  Oh no, no,
Am
  Oh no, no,

Outro

      G   E   Am │ **Am**   │
Im - merse your soul in love,
      G   E   Am │ **Am**   ‖
Im - merse your soul in love.

Songbird

Words & Music by
Liam Gallagher

G5	G5/F#	Em7	Em7/F#

Intro

Spoken: Three four.

| G5 | G5 |

Verse 1

G5
  Talking to the songbird yesterday
                     G5/F# Em7
Flew me to a place not far a - way.

She's a little pilot in my mind,
                   Em7/F#   G5
Singing songs of love to pass the time.

Chorus 1

     G5
  Gonna write a song so she can see,
                  G5/F#   Em7
Give her all the love she gives to me.

Talk of better days that have yet to come
                   Em7/F# G5
Never felt this love from anyone.___

She's not any - one,
       G5/F# Em7
She's not anyone.___
           Em7/F#
She's not anyone.

Verse 2

G5

A man can never dream these kind of things

      G5/F♯ **Em7**

Especially when she came and spread her wings.

Whispered in my ear the things I'd like

      Em7/F♯ G5

Then she flew away in - to the night.

Chorus 2

Gonna write a song so she can see,

      G5/F♯ **Em7**

Give her all the love she gives to me.

Talk of better days that have yet to come

      Em7/F♯ G5

Never felt this love from anyone.

She's not anyone,

  G5/F♯ Em7

She's not any - one.____

She's not anyone.

Instrumental

G5	**G5**	**G5**	**G5** **G5/F♯**
Em7	**Em7**	**Em7**	**Em7** **Em7/F♯**
G5	**G5**	**G5**	**G5** **G5/F♯**
Em7	**Em7**	**Em7**	**Em7** **Em7/F♯** **G5**

Big Sur

Words by Conor Deasy
Music by Conor Deasy, Kevin Horan, Pádraic McMahon,
Daniel Ryan & Ben Carrigan
Contains elements from "Theme From The Monkees" –
Words & Music by Tommy Boyce & Bobby Hart

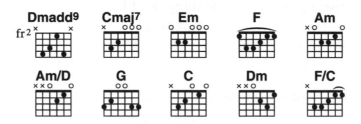

Intro | Dmadd9 | Cmaj7 | Dmadd9 | Em ‖

Verse 1

F   Am
So much for the city

Am/D
Tell me that you'll dance to the end,
     F   G Am
Just tell me that you'll dance to the end.
    F   Am
Hey, hey you're the Monkees,
     Am/D
The people said you monkeyed around,
    F   G Am
But nobody's listening now.

Chorus 1

C   F   Dm   G
Just don't go back to Big Sur,
Em   F
Hangin' a - round,
Em   F
Lettin' your old man down
C   F   Dm
Just don't go back to Big Sur,
G   F/C
Baby, baby, please don't go.
    G   C   Em
Oh, baby, baby, please don't go.

Verse 2

  F   Am
  So much for the street lights,

     Am/D
They're never gonna guide you home,

    F   G Am
No, they're never gonna guide you home.

  F   Am
  Down at the steamboat show, yeah,

Am/D
All the kids start spitting

        F   G Am
  I guess I didn't live up to the billing.

Chorus 2

  C   F   Dm G
  Just don't go back to Big Sur,

Em   F
  Hangin' a - round,

Em   F
  Lettin' your old man down

C   F   Dm
  Just don't go back to Big Sur,

G   F/C
Baby, baby, please don't go.

  G   C   Em
Oh, baby, baby, please don't go.

Instrumental | Dmadd⁹ | Cmaj⁷ | Dmadd⁹ | Cmaj⁷ Em ‖

       | F | Am | Am/D | Am/D |

       | F | F G | Am | Am ‖

Chorus 3 As Chorus 2

Silent Sigh

Words & Music by
Damon Gough

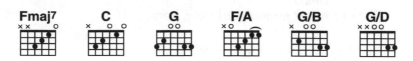

Fmaj7   **C**   **G**   **F/A**   **G/B**   **G/D**

Intro

| Fmaj7 | Fmaj7 | Fmaj7 | C |

| C | C | C | Fmaj7 |

| Fmaj7 | Fmaj7 | Fmaj7 ‖

C
Ooh ahh, ooh ahh,

Ooh ahh, ooh ahh.

Verse 1

Fmaj7
Ooh,

                            C
Come see what we all talk a - bout,

People moving to the moon,

Stop baby, don't go stop here.
G   **F/A G/B**   **G/D**
Never stop liv - ing here,
      Fmaj7
Till it eats the heart from your soul,
                    C
Keeps down the sound of your silent sigh,

cont.   Silent sigh,

     Fmaj⁷
   Silent sigh, silent, silent, silent

          C
   Keeps down, all moving down,

   Could we love each other?

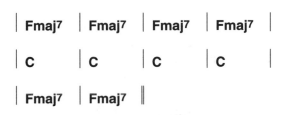

Fmaj⁷	Fmaj⁷	Fmaj⁷	Fmaj⁷
C	C	C	C
Fmaj⁷	Fmaj⁷

   Fmaj⁷   **C**
Verse 2   Come see what we all talk a - bout

   People moving to the moon,

   Stop baby, don't go stop here.
   G   **F/A G/B**
   Never stop liv - ing here,
   G/D **Fmaj⁷**
   Till it eats the heart from your soul,
          C
   Keeps down the sound of your silent sigh,

   Silent sigh,
     Fmaj⁷
   Silent sigh, silent, silent, silent
          C
   Keeps down, all moving down,

   But don't love each other,

   No don't love each other.
   G   **F/A G/B**
   Never gonna be the same,
   G/D
   We don't

Fmaj7

cont. See sigh, see sigh, see sigh, sigh.

C

Silent sigh,

Fmaj7

Silent, silent, silent, silent,

Silent sigh,

C

Keeps down, oh move me down.

Silent sigh,

Fmaj7

Silent, silent, silent, silent sigh.

Silent sigh,

C

Move me down,

We don't love each other.

Outro   ‖: Fmaj7 | Fmaj7 | Fmaj7 | Fmaj7 |

| C | C | C | C :‖ *Repeat to fade*

Get Some Sleep

Words & Music by
Bic Runga

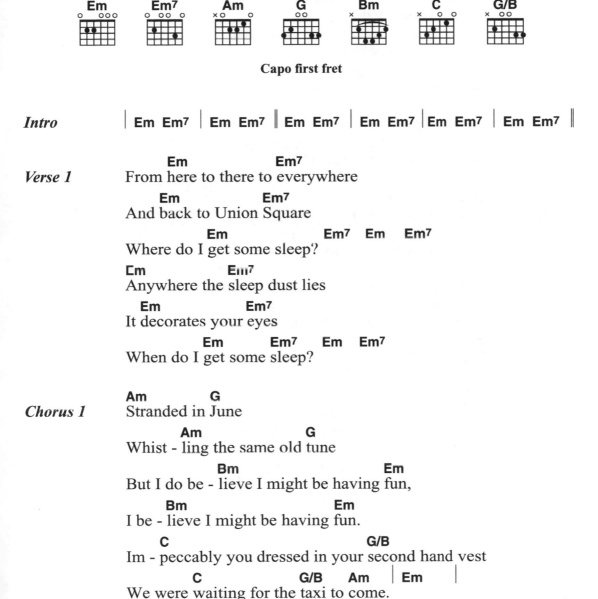

Capo first fret

Intro
| Em Em7 | Em Em7 ‖ Em Em7 | Em Em7 | Em Em7 | Em Em7 ‖

Verse 1

        Em   Em7
From here to there to everywhere

        Em   Em7
And back to Union Square

           Em   Em7 Em   Em7
Where do I get some sleep?

Cm   Em7
Anywhere the sleep dust lies

     Em   Em7
It decorates your eyes

           Em   Em7 Em   Em7
When do I get some sleep?

Chorus 1

    Am   G
Stranded in June

       Am   G
Whist - ling the same old tune

        Bm   Em
But I do be - lieve I might be having fun,

      Bm   Em
I be - lieve I might be having fun.

     C   G/B
Im - peccably you dressed in your second hand vest

       C   G/B Am | Em |
We were waiting for the taxi to come.

Verse 2

Em   Em7
Putting on my daytime eyes

    Em   Em7
A good enough dis - guise

        Em   Em7 Em   Em7
Until I get some sleep.

Em   Em7
Reading out the horoscopes

     Em   Em7
And using up our jokes

          Em   Em7 Em   Em7
When do we get to sleep?

Chorus 2

    Am   G
Stand on the moon

        Am   G
Find the light of my living room

         Bm   Em
Yes I do be - lieve I might be having fun,

      Bm   Em
I be - lieve I might be having fun.

C
Tune into the station

G
Make a dedication

       C   G/B   Am
This is going out to every - one.

      Bm   Em
This is going out to every - one

      Bm   Em
This is going out to every - one

C   G
Something in the phrasing was quietly amazing

        C   G/B   Am
We were waiting for the chorus to come

      Bm   Em
This is going out to every - one,

      Bm   Em
This is going out to every - one.

Interlude | C | G | C G/B | Am || Em |

Em   **Em7**
Verse 3   From here to there to everywhere

    Em   **Em7**
And back to union square

    Em   **Em7 Em   Em7**
Where do I get some sleep?

Em   **Em7**
Anywhere the sleep dust lies

  Em   **Em7**
It decorates your eyes

    Em   **Em7 Em   Em7**
When do I get some sleep?

Am   **G**
Chorus 3   Stranded in June

    Am   **G**
Whist - ling the same old tune

    Bm   **Em**
Yes I do be - lieve I might be having fun

  Bm   **Em**
I be - lieve I might be having fun

C
Tune into the station

G
Make a dedication

    C   **G/B   Am**
This is going out to every - one,

  Bm   **Em**
This is going out to every - one,

  Bm   **Em**
This is going out to every - one,

  Bm   **Em**
This is going out to every - one,

Bm   **Em**
Going out to every - one.

Outro | Em | Em | Em | Em ||

|: Em Em7 | Em Em7 | Em Em7 | Em Em7 :|

Alcoholic

Words & Music by
James Walsh, James Stelfox, Barry Westhead & Benjamin Byrne

Amadd9 **Am** **Em7** **Dm7**

Intro | Amadd9 ‖: Am | Em7 | Dm7 | Am :‖

Verse 1
Am Em7
   Don't you know you've got your daddy's eyes?
Dm7 .... Am
Daddy was an alco - holic.
Am Em7
   But your mother kept it all inside,
Dm7 .... Am
Threw it all a - way.
Am Em7
   I was looking for a - nother you,
    Dm7 .... Am
And I found another one,
Am Em7
   I was looking for an - other you,
    Dm7 .... Am
When I looked round you were gone.

Chorus 1
Am Em7
Stay by my side
    Dm7 .... Am
And the pipe dream is yours now.
Am Em7
Stay by my side
    Dm7 .... Am
And the cynics won't get in our way.

Verse 2
Am Em7
   Don't you know you've got your daddy's eyes?
Dm7 .... Am
Daddy was an alco - holic.
Am Em7
   But your mother kept it all inside,

cont.

Dm⁷   Am

Threw it a - way.

Am   Em⁷

    I was looking for a - nother you,

    Dm⁷   Am

And I found another one,

Am   Em⁷

    I was looking for an - other you,

    Dm⁷   Amadd⁹

When I looked round you were gone.

Interlude   ‖: Am | Em⁷ | Dm⁷ | Am   :‖

Verse 3

Am   Em⁷

    Don't you know you've got your daddy's eyes?

Dm⁷   Am

Daddy was an alco - holic.

Am   Em⁷

    But your mother kept it all inside,

Dm⁷   Am

Threw it all a - way.

Am   Em⁷

    I was looking for an - other you,

    Dm⁷   Am

And I found another one,

Am   Em⁷

    I was looking for a - nother you,

    Dm⁷   Am

When I looked round you were gone.

Chorus 2

Am   Em⁷

Stay by my side

    Dm⁷   Am

And the pipe dream is yours now.

Am   Em⁷

Stay by my side

    Dm⁷   Am

And the cynics won't get in our way.

Am   Em⁷

    I was looking for a - nother chance

    Dm⁷   Amadd⁹

To see your blue eyed problem.

Painkiller

Words & Music by
Olly Knights & Gale Paridjanian

A	G	Dsus2	E	A/C#

Intro | A | G | A | G |

‖: A | G | A | G :‖

Verse 1

A   G
Batten up the hatches, here comes the cold,

A   G
I can feel it creeping, it's making me old

     A   G   A G
You give me so much love that it blows my brains out.

A   G
You need something better than the bacon and eggs

     A   G
The creaking in the walls and the banging in the bed

     A   G   A   Dsus2
You give me so much love that it blows my brains out.

Chorus 1

E   A/C# Dsus2   E
   Summer rain,   dripping down your face a - gain

        A/C# Dsus2   E
Summer rain, praying someone feels the same

        A/C#   Dsus2
Take the pain - killer, cycle on your bicycle

E   A/C#   Dsus2
Leave all this misery be - hind.

Interlude ‖: A | G | A | G :‖

Verse 2

```
       A      G  A              G
My love,    feeling very guilty,
A                     G              A      G
Losing my attention, I'm taking the world on.
     A                   G
So batten up the hatches, here comes the cold
A                    G
I can feel it creeping, it's making me old
      A                      G           A      Dsus2
You give me so much love that it blows my brains out.
```

Chorus 2   As Chorus 1

Middle

```
A        G
My love,
A        G
My love,
A        G
My love,
   A        G
Oh my love.
```

Chorus 3   As Chorus 1

Chorus 4   As Chorus 1

```
E              A/C#      Dsus2
Leave all this misery be - hind
E              A/C#      Dsus2
Leave all this misery be - hind
E              A/C#      Dsus2
Leave all this misery be - hind.
```

Your Love Gets Sweeter

Words & Music by
Finley Quaye

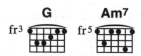

Intro | G | Am⁷ | G | Am⁷ |

Verse 1

G
You know you smile woman,
Am⁷
You treat me so darn, darn fine,
G
You give me such an appetite
Am⁷   **G**
And I need your loving every night.
Am⁷
Mmmn.

Chorus 1

G
Your love gets sweeter every day,
Am⁷
Your love gets sweeter every day,
G
Your love gets sweeter every day,
Am⁷   **G**
Your love gets sweeter every day.
Am⁷
Mmmn.

Verse 2

G
Baby when you kiss my lips,
Am⁷   **G**
Make me wanna go head over heels for you yeah,

When you whisper in my ear
Am⁷   **G**
What I say is how I feel for you yeah.
Am⁷
Mmmn.

Chorus 2   As Chorus 1

                 G
Verse 3   Since I was sweet sixteen,
                Am⁷
         I wanted you, to make you my queen
                G
         Then until the day you were,
                     Am⁷   **G**
        You're the loving girl that's taken my hand.
        Am⁷
        Mmmn.

Chorus 3   As Chorus 1

                 G
Verse 4   Now I'm glad, I'm older man
                Am⁷
         See things are riding to plan
                G
         And baby if you promise me
        Am⁷   **G**
         We can build our world together.
        Am⁷
        Mmmn.

Chorus 4   As Chorus 1
        G   **Am⁷**
        Mmmn, mmmn.
        G   **Am⁷**
        Mmmn, mmmn.
        G   **Am⁷**
        Mmmn, mmmn.

         ‖: **G**   **Am⁷**
Outro   Walking so sweetly when you walk when you talk

        When you dance for me girl,
        G   **Am⁷**
         Walking so sweetly when you walk when you talk

        When you dance with me girl. :‖ *Repeat ad lib. to fade*

Sitting Down Here

Words & Music by
Lene Marlin

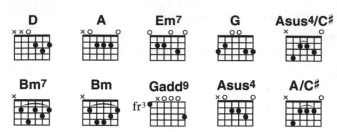

Intro
a capella vocal   I'm sitting down here but hey you can't see me . . .

Instrumental | D | A | Em7 | G A D | A | Em7 | G   A |

Verse 1

       G
Your words cut rather deeply,

       A
They're just some other lies

    D
I'm hiding from a distance,

    A
I've got to pay the price

    G
Defending all against it,

    A
I really don't know why

        Bm
You're obsessed with all my secrets,

     A
You always make me cry

    G
You seem to wanna hurt me

    A
No matter what I do

    D   Asus4/C♯
I'm telling just a couple,

        Bm7   A
But somehow it gets to you

    G
But I've learned how to get revenge

    A   Bm   Gadd9
And I swear you'll experience that some day.

Chorus 1

     D
I'm sitting down here,

   A
But hey you can't see me,

Em7   **G**   **A**
Kinda invisible you don't sense my stay

D   **A**
Not really hiding, not like a shadow

Em7   **Bm**   **A**
Just thought I would join you for one day,

    D
I'm sitting down here,

   A   **Gadd9**
But hey you can't see me.

Verse 2

    G
I'm not trying to avoid you,

    A
Just don't wanna hear your voice

    D
When you call me up so often,

  A   **Asus4**
I don't really have a choice

  G
You're talking like you know me

 A
And wanna be my friend,

 Bm
But that's really too late now,

   A/C#
I won't try it once again.

    G
You may think that I'm loser,

  A
That I don't really care

     D   **Asus4/C#**
You may think that it's all forgotten,

   Bm7   **A**
But you should be aware

    G
'Cause I've learned to get revenge

   A   **Bm**   **Gadd9**
And I swear you'll experience that some day.

Chorus 2

     D
I'm sitting down here,

    A
But hey you can't see me,

Em7   **G**   **A**
Kinda invisible you don't sense my stay

D   **A**
Not really hiding, not like a shadow

     Em7   **Bm**   **A**
Just thought I would join you for one day

     D
I'm sitting down here,

     A
But hey you can't see me

Em7   **G**   **A**
Kinda invisible you don't sense my stay

D   **A**
Not really hiding, not like a shadow

   Em7   **Bm**   **A**
I sure do wanna join you for one day.

Guitar Solo |D |A |Em7 |G A |D |A |Em7 |G A |

Verse 3

     G
You seem to wanna hurt me

     A
No matter what I do

     D   **Asus4/C♯**
I'm telling just a couple,

       Bm7   **A**
But somehow it gets to you

    G
But I've learned how to get revenge

        A   **Bm**   **Gadd9**
And I swear you'll experience that some day.

Chorus 3

     D
‖: I'm sitting down here,

    A
But hey you can't see me,

Em7   **G**   **A**
Kinda invisible you don't sense my stay

D   **A**
Not really hiding, not like a shadow

     Em7   **Bm**   **A**
Just thought I would join you for one day. :‖   *Repeat to fade*

Torn

Words & Music by
Anne Preven, Scott Cutler & Phil Thornalley

F5   Fsus4   F   Fsus2/4   Am7

B♭7   Dm   C   Am   B♭   D5

Intro | F5 | Fsus4 | F | Fsus2/4 ‖

Verse 1

   F   Am7
I thought I saw a man brought to life,

                                     B♭7
He was warm, he came around like he was dignified,

He showed me what it was to cry.

   F   Am7
Well you couldn't be that man I adored,

You don't seem to know,

                     B♭7
Don't seem to care what your heart is for,

But I don't know him anymore.

Pre-chorus 1

          Dm
There's nothing where he used to lie,

 C
My conversation has run dry,

Am
That's what's going on,

 C   F
Nothing's fine, I'm torn.

Chorus 1

                C
I'm all out of faith,

            Dm
This is how I feel,

                    B♭
I'm cold and I am shamed

                    F
Lying naked on the floor.

                  C   **Dm**
Illusion never changed into something real,

             B♭   **F**
Wide awake and I _ can see the perfect sky is torn,

            C
You're a little late,

            Dm
I'm already torn.

Verse 2

   F   **Am⁷**
   So I guess the fortune teller's right.

I should have seen just what was there

                 B♭⁷
And not some holy light,

But you crawled beneath my veins.

Pre-chorus 2

              Dm
And now I don't care, I had no luck,

C
   I don't miss it all that much,

Am
   There's just so many things

C   **F**
   That I can search, I'm torn.

Chorus 2   As Chorus 1

Dm   **B♭**
Torn

D⁵   **F**   **C**
Oo, oo, oo. ———

Pre-chorus 3
          Dm
There's nothing where he used to lie,
  C
   My inspiration has run dry,
Am
   That's what's going on,
C   **F**
   Nothing's right, I'm torn.

Chorus 3
             C
I'm all out of faith,
          Dm
This is how I feel,
                B♭
I'm cold and I am shamed,
              F
Lying naked on the floor.
            C   **Dm**
Illusion never changed into something real,
        B♭   **F**
Wide awake and I _ can see the perfect sky is torn.

Chorus 4
             C
I'm all out of faith,
          Dm
This is how I feel,
              B♭
I'm cold and I'm ashamed,
                F
Bound and broken on the floor.
          C
You're a little late,
          Dm   **B♭**
I'm already torn...
Dm   **C**
Torn...

Repeat Chorus ad lib. to fade

Sleeping Satellite

Words & Music by
John Beck, John Hughes & Tasmin Archer

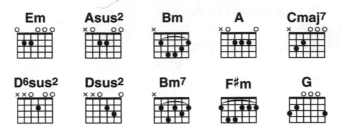

Capo first fret

Chorus 1

    Em   **Asus²**
I blame you for the moonlit sky
    Bm
And the dream that died

With the eagle's flight.
Em   **A**
I blame you for the moonlit nights
    Bm
When I wonder why

Are the seas still dry?
Cmaj⁷   **D⁶sus²**
Don't blame this sleeping satellite.

Verse 1

    Em
Did we fly to the moon too soon?
    Dsus²
Did we squander the chance?
        Cmaj⁷
In the rush of the race
          Dsus²
The reason we chase is lost in romance.
Em   **Dsus²**
And still we try
  Cmaj⁷
To justify the waste
      Bm⁷
For a taste of man's greatest adventure.

Chorus 2

Em   A
  I blame you for the moonlit sky

      Bm
And the dream that died

With the eagle's flight.
Em   A
  I blame you for the moonlit nights

      Bm
When I wonder why

Are the seas still dry?
Cmaj⁷   Dsus²
  Don't blame this sleeping satellite.

Verse 2

        Em
Have we lost what it takes to advance?

        Dsus²
Have we peaked too soon?

          Cmaj⁷
If the world is so great

               Dsus²
Then why does it scream under a blue moon?
Em   Dsus²
  We wonder why

      Cmaj⁷
If the earth's sacrificed

          Bm⁷
For the price of its greatest treasure.

Chorus 3

Em   A
  I blame you for the moonlit sky

      Bm
And the dream that died

With the eagle's flight.
Em   A
  I blame you for the moonlit nights

      Bm
When I wonder why

Are the seas still dry?
Cmaj⁷   Dsus²
  Don't blame this sleeping satellite.

| *Link* | | Em | | Em | | F♯m | | G | | Em | | Em | | F♯m | | G F♯m |

Verse 3

      Em
And when we shoot for stars
        Dsus²
What a giant step.
               Cmaj⁷
Have we got what it takes
               Dsus²
To carry the weight   of this concept?
Em   **Dsus²**   **Cmaj⁷**
  Or pass it by like a shot in the dark,
              Bm⁷
Miss the mark with a sense of adventure.

Instrumental ‖: Em | A | Bm | Bm   :‖

Cmaj⁷   **Dsus²**
  Don't blame this sleeping satellite.

Chorus 4

  Em   **A**
  I blame you for the moonlit sky
     Bm
And the dream that died

With the eagle's flight.
  Em   **A**
  I blame you for the moonlit nights
     Bm
When I wonder why

Are the seas still dry?
Cmaj⁷   **Dsus²**
  Don't blame this sleeping satellite.

Outro ‖: Em | A | Bm | Bm | Em | A | Bm | Bm |

Cmaj⁷   **Dsus²**
  Don't blame this sleeping satellite. :‖ *Repeat to fade*

Here's Where The Story Ends

Words & Music by
Harriet Wheeler & David Gavurin

Gmaj7   **Cmaj7#11**   **C**   **D**

Intro | Gmaj7 | Cmaj7#11 | Gmaj7 | Cmaj7#11 ‖

Verse 1

Gmaj7
People I know,

Cmaj7#11
Places I go,

Gmaj7   **Cmaj7#11**
Make me feel tongue tied.

     Gmaj7
And I can see how

Cmaj7#11
People look down

Gmaj7   **Cmaj7#11**
They're on the inside.

Gmaj7 Cmaj7#11   **Gmaj7 Cmaj7#11**
Here's where the story ends.

Verse 2

Gmaj7
People I see

Cmaj7#11
Weary of me

Gmaj7   **Cmaj7#11**
Showing my good side.

     Gmaj7
And I can see how

Cmaj7#11
People look down

Gmaj7   **Cmaj7#11**
I'm on the outside.

Gmaj7 Cmaj7#11   **Gmaj7 Cmaj7#11**
Here's where the story ends.

     Gmaj7 Cmaj7#11   **Gmaj7 Cmaj7#11**
Oh here's where the story ends.

Chorus 1

         C
It's that little souvenir of a terrible year

         Gmaj7
Which makes my eyes feel sore.

         C
Oh I never should of said

         Gmaj7
The books that you read were all I like you for.

         C
It's that little souvenir of a terrible year

         Gmaj7
Which makes me wonder why.

         C
It's the memories that we shared that make me turn red

         Gmaj7
Sur - prise, surprise, surprise.

| **Gmaj7** | **Cmaj7#11** |

Verse 3

Gmaj7
Lazy I know,

Cmaj7#11
Places I go

Gmaj7   **Cmaj7#11**
Make me feel so tired.

         Gmaj7
And I can see how

Cmaj7#11
People look down

Gmaj7   **Cmaj7#11**
I'm on the outside.

Gmaj7 Cmaj7#11   **Gmaj7 Cmaj7#11**
Here's where the story ends.

         Gmaj7 Cmaj7#11   **Gmaj7 Cmaj7#11**
Oh here's where the story ends.

Chorus 2

           C
It's that little souvenir of a terrible year
     Gmaj7
Which makes my eyes feel sore.
          C
And who - ever would have thought
                  Gmaj7
The books that you bought were all I love you for.
       C
And the devil in me said go down to the shed,
  Gmaj7
I know where I belong.
        C
But the only thing I ever really wanted to say
   Gmaj7
Was wrong, was wrong, was wrong.

Chorus 3

          C
It's that little souvenir of a terrible year
   Gmaj7
Which makes me smile inside
  C
So I cynically, cynically say

The world is that way,
   Gmaj7
Sur - prise, surprise, surprise, surprise.

Interlude

| **Gmaj7** | **Cmaj7♯11** | **Gmaj7** | **Cmaj7♯11** |

Outro

D   **C**   **Gmaj7 C**
Here's where the story ends.
   D   **C**   **Gmaj7 C Gmaj7**
Oh here's where the story ends.

Missing

Words by Tracey Thorn
Music by Ben Watt

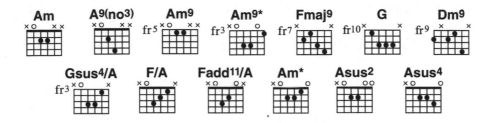

Verse 1

$$Am \quad\quad A^9(no3) \quad Am^9 \quad A^9(no3)$$
I step off the   train

$$Am \quad\quad A^9(no3) \quad Am^9 \quad\quad A^9(no3)$$
I'm walking down your   street again

$$Am \quad\quad A^9(no3) \quad Am^9 \quad A^9(no3)$$
And past your   door

$$Am \quad\quad A^9(no3) \quad Am^9 \quad\quad A^9(no3)$$
But you don't live there   any more.

$$Am \quad\quad\quad A^9(no3) \quad Am^9 \quad A^9(no3)$$
It's years since you've been   there,

$$Am \quad A^9(no3) \quad\quad Am^9 \quad\quad A^9(no3) \quad Am \quad A^9(no3)$$
And now you've disappeared some   -   where

$$Am^9 \quad\quad A^9(no3) \quad Am \quad\quad A^9(no3) \quad Am^9$$
Like outer space,   you've found some better place.

Chorus 1

$$A^9(no3) \quad\quad Am^{9*} \quad Fmaj^9$$
And I miss you,

$$G \quad\quad\quad\quad Dm^9$$
(Like the deserts miss the rain)

$$Am^{9*} \quad Fmaj^9$$
And I miss you   oh,

$$Am^{9*} \quad\quad\quad Dm^9$$
(Like the deserts miss the rain).

Verse 2

Gsus4/A

Could you be dead?

You always were two steps ahead

F/A

Of everyone,

Fadd11/A

We'd walk behind while you would run.

Gsus4/A

I look up at your house

F/A

And I can almost hear you shout

Down to me

Fadd11/A

Where I always used to be.

Chorus 2

Am9*   Fmaj9

And I miss you,

G   Dm9

(Like the deserts miss the rain)

Am9*   Fmaj9

And I miss you   oh,

Am9*   Dm9

(Like the deserts miss the rain).

Verse 3

Gsus4/A

I'm back on the train,

I ask why did I come again?

F/A   Fadd11/A

Can I confess I've been hanging around your old address.

Gsus4/A

And the years have proved

F/A

To offer nothing sinceyou moved,

You're long gone,

Fadd11/A

But I can't move on

Chorus 3   As Chorus 2

              Am*
Verse 4   I step off the train

              Asus²
I'm walking down your street again

    Asus⁴
  And past your door

        Asus²
I guess you don't live there any more.

     Am*
It's years since you've been there,

Asus⁴   **Am***
  And now you've disappeared some - where

            Asus²
Like outer space,   you've found some better place.

        Am* Asus²
Link   And I miss you, yeah.

        Am*
And I miss you.

Asus²
  You found some better place

        Am⁹*   Fmaj⁹
Outro 𝄆 And I miss you,

        G   **Dm⁹**
(Like the deserts miss the rain)

       Am⁹*   Fmaj⁹
And I miss you oh,

      Am⁹*   **Dm⁹**
(Like the deserts miss the rain). 𝄇 *Repeat to fade*

The Time Is Now

Words & Music by
Mark Brydon & Roisin Murphy

Dm   Am   Em   F   G   E

Intro   ‖: Dm Am | Em Am :‖ F | G Em |

Verse 1

Dm   Am
You're my last breath,

Em   Am   Dm Am | Em Am |
You're a breath of fresh air to me.

Dm   Am
I am empty,

Em Am   Dm   Am | Em Am |
So tell me you'll care for me.

Dm   Am
You're the first thing

Em   Am   Dm Am Em Am
And the last thing on my mind,

Dm   Am   Em Am
In your arms I feel,

F | G |
Sunshine.

Verse 2

Dm   Am
On a promise

Em Am   Dm   Am | Em Am |
A daydream yet to come.

Dm   Am   Em
Time is upon us,

Am   Dm   Am | Em Am |
Oh but the night is young.

cont.

Dm   Am   Em
Flowers blossom

Am   Dm   Am Em Am
In the winter time.

Dm   Am   Em Am
In your arms I feel

F | G |
Sunshine.

Chorus 1

Dm   Am   Em   Am
Give up your - self unto the moment,

Dm Am   Em F
The time is now.

Dm   Am   Em   Am
Give up your - self unto the moment,

F   G
Let's make this moment last.

Verse 3

Dm   Am   Em Am
You may find yourself,

Dm   Am   Em Am
Out on a limb for me,

Dm   Am   Em Am
But you accept is as

F   G
Part of your destiny.

Dm Am   Em Am
I give all I have,

Dm Am   Em Am
But it's not e - nough,

Dm Am   Em   Am
And my patience I tried

F   G
So I'm calling your bluff.

Chorus 2   As Chorus 1

Chorus 3   As Chorus 1

Middle	**Dm** **E** And we gave it time,

Dm   **E**

Middle   And we gave it time,

          Am

All eyes are on the clock,

Dm   **Am**

  Time takes too much time,

E   **Am** | **Dm Am**

  Please make the waiting stop.

      E   **Am** | **Dm Am**

And the atmosphere is charged,

      E   **Am**| **Dm Am**

And in you I trust,

      E   **Am**

And I feel no fear as I

F   **G**

  Do as I must.

Chorus 4   As Chorus 1

Dm Am   **Em**   **Am**

Verse 4   Tempted by fate,

Dm   **Am**   **Em**   **Am**

  And I won't hesi - tate,

Dm   **Am**   **Em Am**

  The time is now,

F   **G**

  Let's make this moment last.

        Dm   **Am**| **Em Am** |

(I'm not in love.)

Dm   **Am**   **Em**   **Am** | **Dm Am** | **Em Am** |

  The time is now

F   **G**

  Let's make this moment last.

Dm   **Am**   **Em**   **Am**

Chorus 5   Give up your - self unto the moment,

Dm **Am** **Em** **F**

  The time is now.

Dm   **Am**   **Em**   **Am**

  Give up your - self unto the moment,

F   **G**

  Let's make this moment,

Am

Last.

Your Smiling Face

Words & Music by
James Taylor

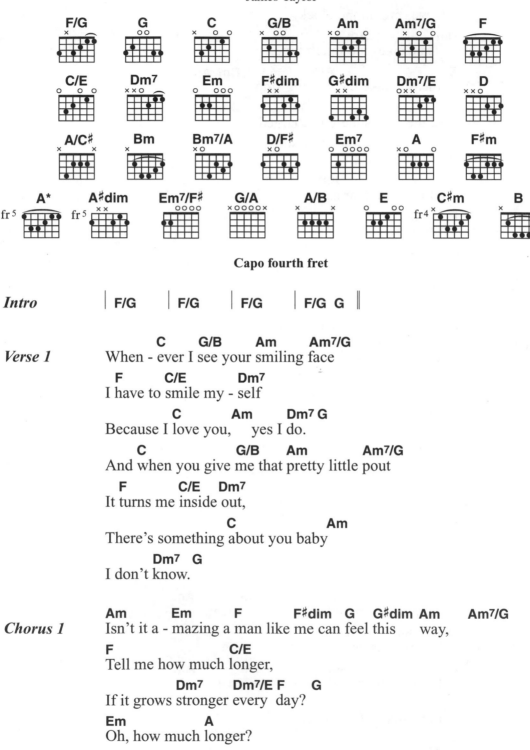

Capo fourth fret

Intro　　　‖ F/G ｜ F/G ｜ F/G ｜ F/G G ‖

　　　　　　　　　　C　　G/B　　Am　　Am7/G
Verse 1　When - ever I see your smiling face

　　　　　　　　F　　C/E　　Dm7
　　　　　I have to smile my - self

　　　　　　　　　　C　　　Am　　Dm7 G
　　　　　Because I love you,　yes I do.

　　　　　　　　C　　　　G/B　　Am　　　　Am7/G
　　　　　And when you give me that pretty little pout

　　　　　　　　F　　C/E　Dm7
　　　　　It turns me inside out,

　　　　　　　　　　　　C　　　　　　Am
　　　　　There's something about you baby

　　　　　　　　Dm7　G
　　　　　I don't know.

　　　　　　　　Am　　　　Em　　　F　　　F#dim　G　G#dim Am　　　Am7/G
Chorus 1　Isn't it a - mazing a man like me can feel this　　way,

　　　　　　　　F　　　　　　　　　C/E
　　　　　Tell me how much longer,

　　　　　　　　　　Dm7　　Dm7/E F　　　G
　　　　　If it grows stronger every　day?

　　　　　　　　Em　　　　　　A
　　　　　Oh, how much longer?

Verse 2

    D   **A/C♯** **Bm**   **Bm7/A** **G**
I thought I was in love a couple of times be - fore

        D/F♯   **Em7**
With the girl next door,

            D   **Bm**
But that was long before I met you,

        Em7   **A**
Now I'm sure that I won't for - get you.

      D   **A/C♯** **Bm**   **Bm7/A**
And I thank my lucky stars

    G   **D/F♯**   **Em7**
That you are who you are

             D   **Bm**
And not just an - other lovely lady

      Em7   **A**
Sent down to break my heart.

Chorus 2

Bm   **F♯m**   **G**   **G♯dim** **A*** **A♯dim** **Bm**   **Bm7/A**
Isn't it a - mazing a man like me can feel this   way,

G   **D/F♯**
Tell me how much longer,

         Em7   **Em7/F♯**   **G**
It can grow stronger every   day?

| **G/A** | **G/A** |

      A/B
How much longer?

Verse 3

E   **C♯m**   **F♯m**   **B**   **E**
  No one can tell me that I'm   doing wrong to - day,

      C♯m   **F♯m**   **B**
When - ever I see you smile at me.

E   **C♯m**   **F♯m**   **B**   **E**
  No one can tell me that I'm   doing wrong to - day,

    C♯m   **F♯m**   **B**
When - ever I see your smiling face my way.

Outro

‖: **E**   **C♯m**   **F♯m**
  No one can tell me that I'm

   B   **E** | **C♯m** | **F♯m** | **B** |
Doing wrong to - day.

E   **C♯m**   **F♯m**
  No one can tell me that I'm

   B   **E** | **C♯m** | **F♯m** | **B**   :‖
Doing wrong to - day,

Repeat outro with ad lib. vocals to fade

Suzanne

Words & Music by
Leonard Cohen

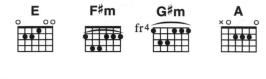

Intro | E | E | E | E ||

Verse 1

    E
Suzanne takes you down to her place near the river:
    F#m
You can hear the boats go by,

You can spend the night beside her,
    E
And you know that she's half crazy

But that's why you want to be there,
    G#m
And she feeds you tea and oranges
    A
That come all the way from China,
    E
And just when you mean to tell her
    F#m
That you have no love to give her
    E
Then she gets you on her wavelength
    F#m
And she lets the river answer
    E
That you've always been her lover.

Chorus 1

      G♯m
And you want to travel with her,

      A
And you want to travel blind,

      E
And you know that she will trust you

      F♯m
For you've touched her perfect body with your (mind.)

Link 1 | **E** | **E**   ‖

  mind.

Verse 2

      E
And Jesus was a sailor

When he walked upon the water,

      F♯m
And he spent a long time watching

From his lonely wooden tower,

      E
And when he knew for certain

Only drowning men could see him,

      G♯m
He said, "All men will be sailors then

    A
Until the sea shall free them."

     E
But he himself was broken

      F♯m
Long before the sky would open:

     E
Forsaken, almost human,

    F♯m   **E**
He sank beneath your wisdom like a stone.

          G♯m
And you want to travel with him,

       A
And you want to travel blind,

       E
And you think maybe you'll trust him

        F♯m
For he's touched your perfect body with his (mind.)

Link 2 | **E** | **E**   ‖

   mind.

          E
Verse 3   Now Suzanne takes your hand

And she leads you to the river.

     F♯m
She is wearing rags and feathers

From Salvation Army counters,

     E
And the sun pours down like honey

On our lady of the harbour,

     G♯m
And she shows you where to look

      A
Among the garbage and the flowers:

     E
There are heroes in the seaweed,

     F♯m
There are children in the morning,

     E
They are leaning out for love

      F♯m
And they will lean that way forever,

     E
While Suzanne holds the mirror.

Chorus 3

         G♯m
And you want to travel with her,

         A
And you want to travel blind,

         E
And you know that you can trust her

         F♯m
For she's touched your perfect body with her (mind.)

Coda | **E** | **E**   ‖
       mind.

Grace

Words & Music by
Jeff Buckley & Gary Lucas

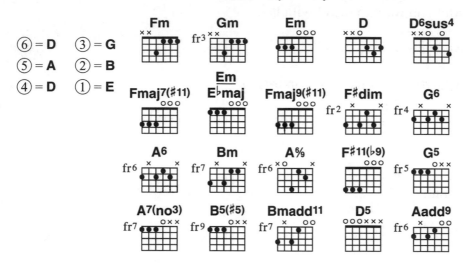

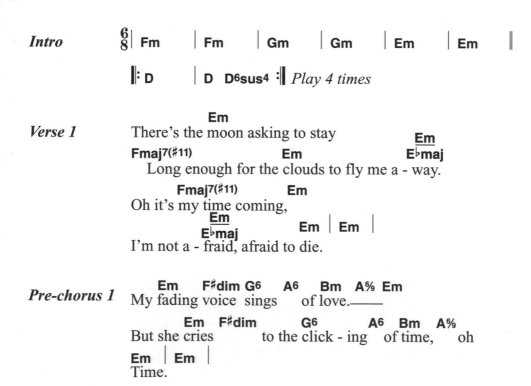

Intro $\frac{6}{8}$| Fm | Fm | Gm | Gm | Em | Em   ‖

‖: D | D   D6sus4 :‖ *Play 4 times*

Verse 1

　　　　　　　　　　Em
There's the moon asking to stay
Fmaj7(#11)　　　　　　　　Em　　　　　　Em
　　Long enough for the clouds to fly me a - way.　Ebmaj
　　　　　　Fmaj7(#11)　　　Em
Oh it's my time coming,
　　　　　Em
　　Ebmaj　　　　　　　　Em | Em |
I'm not a - fraid, afraid to die.

Pre-chorus 1
　　　　　　　　Em　　F#dim G6　　A6　　Bm　A% Em
My fading voice　sings　　of love.———
　　　　　　Em　F#dim　　G6　　　　A6　　Bm　A%
But she cries　　　　to the click - ing　of time,　oh
Em | Em |
Time.

Chorus 1

Fmaj9(#11)
Wait in the fire,   Em   Em
Em   E♭maj | E♭maj |
Wait in the fire.—

Fmaj9(#11)
Wait in the fire,   Em   Em
Em   E♭maj | E♭maj |
Wait in the fire.—

Em
Burn.—

Instrumental 1 | Fm | Fm | Gm | Gm | Em | Em |

‖: D | D   D6sus4 :‖ *Play 4 times*

Verse 2

       Em
And she weeps on my arm,   Em
Fmaj7(#11)   Em   E♭maj
  Walking to the bright lights in sorrow.   Em
   Fmaj7(#11)   Em   E♭maj
Oh, drink a bit of wine, we both might go to - morrow
      Em
Oh, my love.

Pre-chorus 2

       Em   F#dim   G6   A6
And the rain is fall   -   ing

       Bm   A%   Em
And I be - lieve   my time has come.

     Em   F#dim   G6   A6
It re - minds me of the   pain

      Bm
I might leave,

A%   Em
  Leave be - hind.

Chorus 2   As Chorus 1

Middle

Em
E♭maj   Fmaj9(#11) G6 | G6 |
Burn._____

F#11(♭9) Fmaj9(#11) Em G5 A7(no3)
Ah._____

B5(#5) ‖: Bm F#dim| G6 A6 | Bm(add11)|Aadd9 :‖ Em
Please_____ please.____

     Em   F#dim G6 A6
It re - minds me of the pain

      Bm(add11) Aadd9 Em | Em |
I might leave_____ be - hind.

Instrumental 2 As Instrumental 1

Verse 3

      Em
And I feel them drown my name

    Fmaj7(#11)
So easy to   Em
Em   E♭maj
Know and forget with this kiss

    Fmaj7(#11) Em
I'm not afraid to go

      Em | Fmaj7(#11) | Em | E♭maj | E♭maj |
     E♭maj
But it goes so slow__ Em   Em
Fmaj7(#11)| Em | E♭maj | E♭maj |
Oh._____

Outro

Fmaj7(#11)
Wait in the fire,

Em
Wait in the fire,

  Em   Em
E♭maj | E♭maj |
  Ah, ah, ah._____

‖: Fmaj9(#11)| Em   Em   Em
                | E♭maj | E♭maj :‖ *Play ad lib. 6 times*

Mr. Tambourine Man

Words & Music by
Bob Dylan

D   **G/B**   **A**   **Em**

Capo third fret, sixth string tuned down a tone

Intro | D | D   ‖

Chorus 1

G/B   A   D   G/B
Hey! Mr. Tambourine Man, play a song for me,
         D   G/B   A
I'm not sleepy and there is no place I'm going to.
G/B   A   D   G/B
Hey! Mr. Tambourine Man, play a song for me,
      D   G/B   A   D
In the jingle jangle morning I'll come followin' you.

Verse 1

         G/B   A   D   G/B
Though I know that evenin's empire has returned into sand,
D   G/B
Vanished from my hand,
        D   G/B   Em   A
Left me blindly here to stand but still not sleeping.
    G/B   A   D   G/B
My weariness amazes me, I'm branded on my feet,
    D   G/B
I have no one to meet,
        D   G/B   Em   A
And the ancient empty street's too dead for dreaming.

Chorus 2   As Chorus 1

Link 1 | D | D   ‖

Verse 2

G/B   A   D   G/B
Take me on a trip upon your magic swirlin' ship,
 D   G/B   D   G/B
My senses have been stripped, my hands can't feel to grip,
 D   G/B D   Em
My toes too numb to step, wait only for my boot heels
 A
To be wanderin'.
 G/B   A   D   G/B
I'm ready to go anywhere, I'm ready for to fade
 D   G/B   D   G/B
Into my own parade, cast your dancing spell my way,
 Em   A
I promise to go under it.

Chorus 3

G/B A   D   G/B
Hey! Mr. Tambourine Man, play a song for me,
  D   G/B   A
I'm not sleepy and there is no place I'm going to.
G/B A   D   G/B
Hey! Mr. Tambourine Man, play a song for me,
  D   G/B   A D
In the jingle jangle morning I'll come followin' you.

Link 2 | D | D ‖

Verse 3

     G/B   A
Though you might hear laughin', spinnin',
    D   G/B
Swingin' madly across the sun,
    D   G/B   D   G/B
It's not aimed at anyone, it's just escapin' on the run
    D   G/B Em A
And but for the sky there are no fences facin'.
  G/B   A   D   G/B
And if you hear vague traces of skippin' reels of rhyme
    D   G/B   D   G/B
To your tambourine in time, it's just a ragged clown behind,
     D   G/B   D
I wouldn't pay it any mind, it's just a shadow you're
Em   A
Seein' that he's chasing.

Chorus 4   As Chorus 3

Harmonica | G/B A | D G/B | D G/B | D G/B | D G/B |
Break

            | D G/B | D Em | A | G/B A | D G/B |

            | D G/B | D G/B | D Em | A D | D   ‖

                G/B   A   D   G/B
Verse 4   Then take me disappearin' through the smoke rings of my mind,
                  D   G/B   D   G/B
            Down the foggy ruins of time, far past the frozen leaves,
             D   G/B   D   G/B
            The haunted, frightened trees, out to the windy beach,
             D   G/B   Em   A
            Far from the twisted reach of crazy sorrow.
               G/B   A   D
            Yes, to dance beneath the diamond sky with one hand waving free,
             D   G/B   D   G/B
            Silhouetted by the sea, circled by the circus sands,
               D   G/B   D   G/B
            With all memory and fate driven deep beneath the waves,
               D   Em   A
            Let me forget about today until tomorrow.

Chorus 5   As Chorus 3

                                                Fade
Coda | G/B A | D G/B | D G/B | D G/B | D G/B ‖

TRY THESE OTHER GREAT TITLES

The Essential Acoustic Album

Matching folio to the top selling acoustic compilation album, containing 40 classic songs arranged for guitar with full lyrics. Includes 'Luka' *Suzanne Vega*, 'Everything I Own' *Bread*, 'Year Of The Cat' *Al Stewart* and 'White Flag' *Dido*.
CSB 96pp
AM91070

The Big Acoustic Guitar Chord Songbook Classic Country

The definitive collection of songs by the greatest names in Country music arranged for guitar with full lyrics. Over 80 songs including classics by *Dolly Parton*, *Willie Nelson*, *Hank Williams*, *Emmylou Harris*, *Kenny Rogers*, *Tammy Wynette*, *Johnny Cash*, *Patsy Cline* and many more.
CSB 192pp
AM974820

The Big Acoustic Guitar Chord Songbook Alt. Country

An essential collection of songs from the greatest Alternative Country and Americana artists. Contains 79 songs arranged for acoustic guitar with full lyrics. Includes songs from *Ryan Adams*, *Neil Young*, *Kings Of Leon*, *Gram Parsons*, *Lambchop*, *My Morning Jacket*, *Grandaddy*, *Beck* and many more.
CSB 192pp
AM974831

The Big Acoustic Guitar Chord Songbook Female

Over 70 classic songs by some of the greatest female artists of the last four decades. Arranged for guitar with full lyrics in the original keys. Includes 'Willow' *Joan Armatrading*, 'True Colours' *Cyndi Lauper*, 'Songbird' *Eva Cassidy*, 'Days' *Kirsty MacColl*, 'You Do' *Aimee Mann*, 'Where Have All The Cowboys Gone' *Paula Cole* and many more.
CSB 192pp
AM975315

The Greatest Acoustic
Guitar Chord Songbook

A fantastic collection in a spiral bound songbook of
over 100 acoustic songs spanning four decades, arranged
for guitar with full lyrics. Includes 'Don't Panic' *Coldplay*,
'There Is A Light That Never Goes Out' *The Smiths*,
'Something' *The Beatles*, 'Layla (Unplugged)' *Eric Clapton*,
'Lover, You Should've Come Over' *Jeff Buckley* and
'Both Sides, Now' *Joni Mitchell*.
CSB 256pp
AM96/879

Acoustic Guitar Greatest Hits
Play-Along Chord Songbook

Play-along with 27 great acoustic songs, arranged
for guitar with sound-alike CD backing tracks.
Includes 'Sail Away' *David Gray*, 'Not Fade Away'
The Rolling Stones, 'Don't Know Why' *Norah Jones*,
'Space Oddity' *David Bowie* and 'Wild Wood' *Paul Weller*.
CSB & CD 64pp
AM89650

The Big Guitar Chord Songbook –
The Sixties

Over 80 rock and pop classics arranged for guitar,
with full lyrics. Includes 'Born To Be Wild' *Steppenwolf*,
'Keep On Running' *The Spencer Davis Group*, 'Will You Love Me
Tomorrow' *The Shirelles*, 'See Emily Play' *Pink Floyd*, 'Summer
Holiday' *Cliff Richard*, 'My Generation' *The Who* and many more.
CSB 192pp
AM970354

The Big Guitar Chord Songbook –
The Seventies

80 rock and pop classics from the seventies, arranged
in the original keys for guitar with full lyrics. Includes songs
from *10cc, Thin Lizzy, Iggy Pop, The Police, Roxy Music,
Kate Bush, Wings, John Lennon, Joni Mitchell, Black Sabbath,
Squeeze* and *The Eagles*.
CSB 192pp
AM970365

The Big Guitar Chord Songbook – The Eighties

80 massive eighties classics arranged for guitar with full lyrics. Includes 'Need You Tonight' *INXS*, 'In Between Days' *The Cure*, 'Ghost Town' *The Specials*, 'Babooshka' *Kate Bush*, 'Antmusic' *Adam & The Ants*, 'Purple Rain' *Prince*, 'Love Will Tear Us Apart' *Joy Division*, 'Thorn In My Side' *Eurythmics*, 'Hunting High And Low' *A-Ha* and many more.
CSB 192pp
AM970376

The Big Guitar Chord Songbook – The Nineties

80 rock and pop classics from this decade, arranged for guitar with full lyrics. Includes 'Don't Speak' *No Doubt*, 'One' *U2*, 'Movin' On Up' *Primal Scream*, 'More Than Words' *Extreme*, 'Love Shack' *The B-52s*, 'You Oughta Know' *Alanis Morissette*, 'Two Princes' *Spin Doctors* and 'Nothing Compares 2 U' *Sinead O'Connor*.
CSB 192pp
AM970387

The Big Guitar Chord Songbook – Classic Rock

Featuring 70 rock classics arranged for guitar with full lyrics and chords. Includes songs by *Led Zeppelin*, *Spinal Tap*, *Kiss*, *Slade*, *AC/DC*, *Metallica*, *Ozzy Osbourne*, *Boston*, *The Velvet Underground*, *T. Rex*, *Aerosmith* and many more.
CSB 192pp
AM973313

Available from all good music shops, or in case of difficulty please contact: Music Sales Limited, Newmarket Road, Bury St Edmunds, Suffolk, IP33 3YB.